財富自由的吸引力法則

U0041363

花最小的力氣，創造最大的財富

菅原圭——著
林仁惠——譯

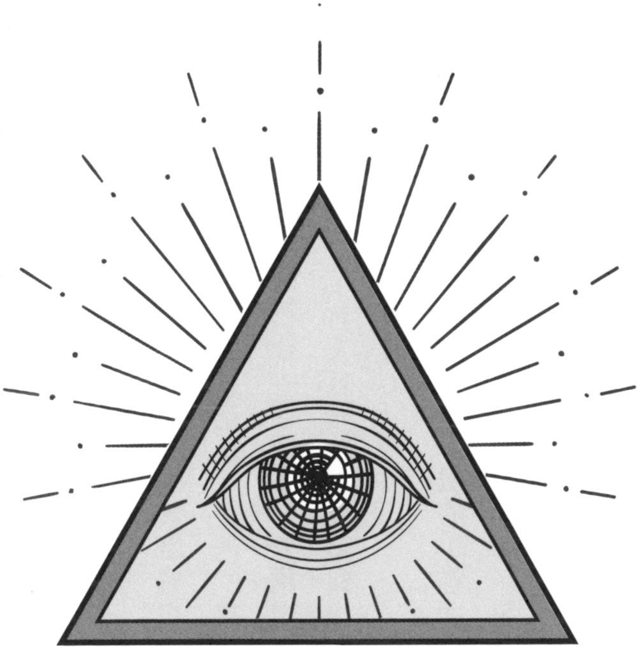

お金持ちが肝に銘じている
ちょっとした習慣

推薦序

認真面對物品，就是檢視自己的用錢習慣

——整理鍊金術師小印

這本書是教你如何「透過生活習慣或是思考模式培養有錢體質，慢慢致富」。我對於這樣的理念非常認同，因為這正是我走過的路。

我曾經是個擁有上萬件物品的購物狂，即使我身兼兩份工作，錢財還是從我的指尖稍縱即逝，留也留不住。有天我開始大量整理自己的物品，認真面對它們，終於才被迫面對我的用錢習慣。

這才發現，當我每次隨意逛逛一些標價幾十塊的小物商店，都會買到幾百塊。因為單純只是因為覺得「很有趣」「很可愛」「好像很好用」而買，雖然買的時候很抒壓，但因為根本沒有實際需求，所以這些物品到最後還是原封不動地放在塑膠袋裡，堆放在我家地板上。

或是只要一看到網拍的電子報，就因為沒事做而進入賣場隨意逛逛，不

知不覺把幾件衣服加入購物車結帳；但最後尺寸不合也懶得退貨，或是無法退貨，只好堆在神桌底下。

我發現不管是實體店面也好，或是網拍也罷，這種「隨意逛逛」其實就是漏財的最大根本原因。作者也提到，這種無意識的購物行為，其實是為了抒發心中的小小壓力，「因為心中有壓力，金錢管理就容易大意」。

因為覺察到這些事，我現在只在有一定目的時才上街或上網買東西，買的東西也是馬上就用得到的。如果沒有想到立即用途，我就不會亂花錢，房間自然就不會雜亂；即使不特別費心思省錢，錢也自然存得下來。

而對於本書的第45點「就算心中有不安或擔憂也不要去多想」這點，我則另有看法。人生不是只有在面臨轉職，或企業家需要下決定時才會產生不安。每個人都有可能會面臨對未來不安的情況，而將這樣的擔憂具象化，演變成囤積實際物品的習慣。我反倒認為這是一個認識自己的契機——你可以問問自己在擔心什麼，深入去探索。當你解決這個不安的根源，做起事來就會更有底氣。

我成為整理鍊金術師，開始到府教學整理之後，常在同一個家中不同的空間發現大量的相似物品，例如：一個家裡，光是剪刀就有六把。為什麼會有這種情形呢？學生表示：「因為平常要用時找不到，所以只好再買新的……」但這樣是不是既佔據寸土寸金的空間，又浪費了金錢呢？

或是帶著學生整理鞋櫃時，他會告訴我某雙鞋子很貴，他一直捨不得丟，覺得丟掉或送人好浪費。當我們將鞋子拿出來檢視時，啊……這鞋子因為久放的關係，上頭的皮革早已開始剝落了。

什麼是「浪費」？東西用不到還一直放在家裡佔空間，然後有一天它就壞掉了，這樣就是真正的「浪費」！

正如作者在書中所提：「如果要斷捨離，請盡可能讓它以『活著』的型態離開你。」如果有東西真的用不到，又覺得直接送人捐贈很不甘心，請不要一直到東西壞掉那天才肯放手，不妨試著透過「二手販售」來斷捨離吧！只要認真面對物品，就能真正檢視自己的用錢習慣，也才能留住你的財富。

各界熱烈推薦

Elaine 理白小姐
JC 財經觀點 Jenny
Mr. Market 市場先生—財經作家
Ms. Selena —生活理財 YouTuber
小資女艾蜜莉—理財作家
安納金—暢銷財經作家
高培—投資理財圖文創作者
陳逸朴—小資 yp 投資理財筆記版主
游庭皓—財經直播主
富媽媽 李雅雯（十方）
涵寶寶—心靈語錄
楊斯棓醫師—年度暢銷書《人生路引》作者
愛瑞克—知識交流平台 TMBA 共同創辦人
蕾咪—知名投資理財 KOL
（依筆劃排列）

前言

有錢人「看得比錢還重要」的事

遽聞日本上班族的年平均所得約為四百二十萬日圓（國稅廳二〇一五年度民間薪資實情統計調查）。或許有人會因賺得高於平均而感到開心，或賺得低於平均而哀嘆連連；但如果你知道這數字足足比十五年前（二〇〇五年）的年平均所得少了十六萬四千日圓，肯定會驚訝到說不出話來。

即使這期間曾發生過雷曼兄弟事件，但人們持續工作了十年，想不到年收入竟然反而縮水了！

日本目前的實際情況就是如此。因此，大家會希望「收入增加一點」或「讓自己變得更有錢一點」也是正常的。

此外，也有許多人每天都很努力地減少開支。

例如，為了少花點錢，許多人都會特別留意網站或廣告上的特價資訊撿便宜。不過，光是這樣做，並無法成為有錢人。

這是我近年來深切體會到的想法。

不知為何，我認識不少有錢人。

或許是我的工作有許多機會採訪成功的創業者，能聽取並彙整他們擴張事業版圖的經過和成功祕訣的緣故吧，許多人在採訪結束後仍會跟我保持聯絡。

這些與我有長年交情的成功者，後來都順利擴張事業，成為了有錢人。雖然其中也有人一度被捲入經濟危機的浪潮導致破產，不過很快就東山再起，而且還變得比以前更有錢。

他們都有一項共通點，那就是**對金錢的態度嚴謹、為人踏實，而且在言行舉止和生活態度上也絲毫不馬虎**。

即使他們因為有錢，所穿所用盡是名牌；同時卻也相當愛物惜物，就連對待非高價品也是一貫態度。

以原子筆為例，他們大多會使用萬寶龍等要價數萬元的精品，且都很愛惜使用，往往都會用得很久。不過，就算用的是飯店備品的原子筆，他們也絕不會隨便看待。

他們這種無微不至的態度，不僅限於物品，待人也是如此。無論是面對名氣響亮、社會地位高的人，還是面對飯店的服務人員，他們的態度都不會有所差異，一樣乾脆爽快，溫和有禮。

隨著這類經驗的累積，我開始認為**金錢具有某種「靈性」，並且與靈性高的人十分投緣**。

如果想成為有錢人，就先從好好做人開始。這是我自己親眼見識過後所體悟的想法。

我曾經在書上讀過一句話說，人生九成的煩惱都可以靠「金錢」解決！我個人也認為「金錢」有著能解決大多數煩惱或糾紛的超能力。

我想肯定有不少人對自己現在的收入很不滿意，為了脫離惱人的現狀而拚了命工作地吧。但無論再怎麼努力工作，卻都得不到令人滿意的成果。

如果是這樣，那或許是你努力的方向不對。

以提高收入為目標努力固然重要，但同時也得調整自己現在的生活方式，消除自身情緒的破綻。這樣一來，你的生活就會過得愈來愈有規律。

我深信，「有規律的生活」勢必能引領我們走向不再為金錢煩惱的生活。

要是不立刻改善「散漫馬虎」的生活習慣，等待我們的可能就是經濟破產→生活破產→人生破產。

現在就開始根除導致破產的因子吧。

讀了本書後，請儘可能養成「有規律的生活習慣」，也就是踏上「成為有錢人的方向」。如此一來，待一年、三年、五年過後……你應該就能遇見一個心靈富足、生活幸福美滿的自己。

菅原 圭

目錄

第1章

有錢人絕對不會做的事

散漫馬虎的生活將導致破產

第3章

有錢人的錢包和你的不一樣

要好好整頓「金錢重要的家」

第4章

什麼樣的疏忽讓你總是荷包空空？

有錢人銘記在心的小習慣

第5章

有錢人吸引財富的生活方式

從「自己」為出發點思考就看得見

第1章

有錢人絕對不會做的事

散漫馬虎的生活將導致破產

1 沒事就走進超商逛逛

回家路上如果經過超商，我想應該有不少人會順道進去逛逛吧。我自己就是其中之一。明明沒什麼事，卻像是被磁力吸引般走進超商；等到走出來時，手上必定會多出一袋東西。相信每個人都有過這樣的經驗。「呃，這不是很常有的事嗎？」你可能會這麼說。

●超商的存在就是為了讓人「想進去消費」

我一直都認為超市、百貨和超商等零售業的消費系統真的做得很好。因為競爭對手都是「誘使人們消費的專家」。

我記得曾讀過一篇報導說：「超商宛如是都市夜晚的『誘蟲燈』。」確實如此。當人們晚歸、急著趕路回家的路上，如果看見超商的燈光，就會感到莫名安心而順道走了進去。

人們會有這樣的行動表現也是正常。因為超商營造出了會讓人情不自禁想走進去的氛圍，而且在這樣的氛圍中，走進去的客人絕不會空手而歸。超商所設下的消費系統就是如此巧妙。

超市和百貨等其他零售業者也運用了這套系統。

舉例來說，假設你發現冰箱沒有豆腐，就會前往超市購買。不過，你一趟絕不會只買豆腐，一定都會買到五百，甚至一千日圓。

百貨也是這樣。就算一再告訴自己「我今天只是去看看而已」，一旦踏進百貨，當天要空手而歸根本是不可能的任務。

雖然已經很克制自己不要衝動購物，但還是一定會在百貨地下街順手買些東西，例如平常不會購買的高價熟食等。

為了在激烈的競爭中生存下來，超商、超市和百貨都無不積極磨鍊「誘使人們消費的技能」；所以，我們很容易就會身陷其中，無法自拔。

●在超商的單次消費金額總會超過一百元

在這當中，超商是最大的敵人。超商門市隨處可見，又如同其名，貨架上排滿了簡易料理或小菜等既超方便又高CP值的商品，容易讓人伸手就拿。一旦你走進店裡，到最後都會多買二到三樣原本並沒有要買的東西。

根據以前有項二〇一二年度丸羽日朗控股公司（Maruha Nichiro Holdings, Inc.）的調查，民眾每次在超商的平均消費金額為七百五十五日圓（約新臺幣兩百元）。一想到我們每天非必要的衝動購物就花了這些金額，是否讓你再次驚覺到了「隨便的用錢習慣」呢？

就連房屋仲介的廣告也經常打出「鄰近超商！」的宣傳標語，如此看來，二十四小時營業、幾乎包辦大部分日生活所需的超商，儼然已成了既方便又寶貴的存在。即使如此，正因為超商的存在太過理所當然，才會讓人沒事也想走進去。我愈發認為很多人似乎已罹患了超商成癮症。

●會在半夜跑去超商買東西的人們

順道一提，超商在中、泰等亞洲國家也很常見。不過，在歐美地區卻甚少看得到類似的經營型態。

最近，我去了一趟倫敦。在倫敦，與住宅區相鄰的車站附近大多可以看到名為「〇〇超市 Express」的商店，營業時間雖然從上午七時到晚上十一時，但是店裡單純只販售食品。

歐美的成熟生活型態中，並不存在「無論如何都得立刻買到某個東西」的思考方式，因為他們沒有「二十四小時營業」的概念。在得知日本的情形後，他們總會一臉不解地說：「為什麼日本人非得在半夜外出買東西呢？」

日本人只要一想到「啊，那個沒了！」就會馬上跑去超商買；而歐美人則是認為：「就算沒有那個東西，照樣還是可以過活。」究竟是什麼原因造成兩者想法的差異呢？

超商的方便性的確幫了我們大忙。但另一方面，導致我們生活步調忙碌、失去餘裕的因素之一，不正是讓我們想買什麼就能馬上買到的超商嗎？

從這種和超商往來密切的現象中，是否只有我感受到人們近年來在用錢習慣和生活型態上愈來愈不精緻了呢？

2 沒事就走進「均一價商店」

由於我常有機會跟創業家或經營者往來，所以很喜歡在出門時邊走邊觀察街道上各類商店的經營模式。如果有看到會讓人打自心底讚嘆「喔，真了不起！」的經營模式，我就會在心中不自覺地對發想者佩服不已。

其中，最令我感到佩服的，就是「均一價商店」。

無論什麼東西都「以一百日圓均一價販售」（最近也有了二百、三百或五百日圓等均一價）[1]，這種絕不讓步的堅持真的很了不起。

●貫徹「每項商品都賣均一價」的可敬之處

以最知名的大創百貨為例，大創自一九七〇年代創業以來，歷經五十年的時日，基本的百圓底線仍屹立不搖。

即使這期間各類費用上漲，為了貫徹全商品百圓均一價的原則，他們在經營付出超乎想像的努力；同時，從店面所陳列的商品，也可清楚看出大創持續致力於提升品質。均一價商店的商品品質不斷升級。

「為了讓這樣的商品維持在百圓販售，企業經營究竟得付出多少努力啊？」只要想到這點，不是我在誇大，真的會讓人很感動。

他們的開發能力也很強。每次走進均一價商店，總會發現令人瞠目結舌的自創商品一再增加。

均一價商店的營業額之所以能夠持續上漲，比起「便宜的均一價」，我想關鍵是在於「這樣的商品竟然只賣這種價格」給人的驚喜吧。

種類繁多的商品擴展了生活各層面的樂趣，好下手的售價更是讓人可以隨心所欲地選購。均一價商店就像這樣處處充滿小小的雀躍感，因而吸引了大批的客潮。

雖然我自己如此醉心於均一價商店，但在另一方面，也很難斷言日本人的生活型態在「均一價商店登場後」所發生的巨大改變，百分之百都是好的。

1 臺灣多為三十九元、四十九元均一價。

●均一價商店讓人們不再惜物愛物

其最大的負面影響就是導致人們不再惜物愛物，尤其是文具。

書桌上總是躺了好幾支原子筆，一旦找不到尺或釘書機，就會認為買新的比找出來更省時，立刻跑去均一價商店購買。

但回到家後只要稍微整理一下書桌，就會發現原先使用的尺或釘書機好端端地躺在那裡。像這種散漫馬虎的態度，連我自己都看不下去。

而周遭的人們在均一價商店登場後，也紛紛表示：「自己愈來愈不懂得惜物愛物了。」試著回想一下，你是否也常將「這有什麼關係，只要再去大創買一個就好了！」這句話掛在嘴邊呢？

●均一價商店讓人不會只購買目標物品

再者，均一價商店也徹底發揮了前一節所提到的「誘使人們購物」的專家手腕。藉由能有效刺激消費意識的商品組合和動線設計，讓人們在店裡逛了一圈後，購物籃中的物品就會「自然而然」地增加。

均一價商店的平均消費金額是七百三十日圓（根據雜誌《steady》的調查，二〇一七）。金額竟然相當於超商的平均消費額，真教人意想不到。

「買新的比找出來更省時。」就是這樣的想法，讓我們絲毫沒有察覺到自己實際上「花的不是只有一百圓，而是超過七百圓」。

因此最近去逛均一價商店時，就算容易被誤以為是小氣之人，我也打定主意從一開始就不拿購物籃。

因為會想去均一價商店，原本的目的就只是「想買瓶黏膠」或「想買支紅色原子筆」之類。明知如此，卻往往會在賣場閒逛之際被其他看似不錯的商品吸引目光。

如果這時手上提著購物籃，勢必就會當場掃進籃中，買好買滿。反之，如果手上沒有購物籃，你就會出乎預料地自踩煞車，心想：「算了，今天就先這樣吧。」

既然已下定決心只購買目標物，最起碼也該克制自己不要隨便亂買。

3 有壓力就買小東西發洩

「不要在超商和均一價商店亂花錢。」

當大家讀到這裡，請不要以為本書是在教大家「要節儉，減少零星消費，善用『積少成多』的效果來存錢。

說實在話，我原本就不擅長處理瑣事。「積少成多」反倒是我最不擅長的事項之一。

我想說的是，從這樣的現象可以看出我們在無意間慢慢養成的「鬆懈」和「隨意」。說得更具體點，就是我們每天的生活型態在不知不覺中變得愈來愈馬虎、鬆散。

●你是否會到均一價商店隨意逛逛？

根據先前曾提過的《steady》所做的調查，有五成八的人表示自己逛均一價商店的次數為「每個月一到兩次」，位居第一。有二成三的人是「每週一次」，一成九的人是「每個月兩到三次」。

至於逛均一價商店的目的，第一名是「購買日常用品」，第二名是「看看新商品」，第三名是「漫無目的地亂逛」。

由此可知，大家逛均一價商店的頻率超乎想像地頻繁，花費數百日圓購物的人也不在少數。

我並不是要說這樣的行為很不好。問題在於：你真的有好好使用這樣買下的東西嗎？

●心中有壓力，金錢管理就容易大意

我的回答是：「NO。」

我在大概一年前搬了家。上次搬家已是數十年前的事了。那時，我從家裡各角落陸續清出了許多買回來後就一直擺著、用都沒用過的東西，看得連我自己也甚為吃驚。

這些大多是在均一價商店衝動買下，不，應該說是「無意中買下」的。

這類「無意中購物」的行為，是為了抒發心裡累積的小小壓力。換言之，愈常有「無意中購物」的行為，就愈是證明自己每天都累積了不少的壓力。一旦心中有壓力，金錢管理自然也容易有所疏忽，花錢如流水。這就像自己所用的錢包底部開了一個洞，很難留住錢財。

如果這樣的生活一直持續下去，你將永遠都無法從「錢不夠用」或「沒有錢」的束縛中解脫。

4 在冰箱裡囤放保冷劑

前些時候，我曾讀過一篇名為〈家裡囤放保冷劑的人存不了錢〉的報導，引起我莫大的興趣。因為我的想法也大致相同。

但仔細讀了內容後，我卻發現那篇文章的主張跟我的想法相去甚遠。

該篇網路報導主張「家裡囤放保冷劑的人，經常會以慰勞自己的名義在百貨地下街購買高級甜點或宴客級配菜」，這類商品必定都會附上保冷劑，所以就會發展成囤放保冷劑→若無其事地購買相對較貴的商品→無法存到錢的情況。

這麼說也是有道理。

不過，我個人認為該對「囤放保冷劑」這件事要有所警覺，是基於其他理由。

●會囤積消耗品是因為「不懂得拿捏所需用量」

會囤放保冷劑的人都有項共通點，那就是「捨不得丟東西」。

他們認為在冰箱裡存放一些保冷劑，就可以在包便當或想分裝菜餚給其他人時使用，用來維持低溫以免食物變質。這種想法我很能理解，但其實也沒必要大量囤放保冷劑。

話雖如此，會囤放保冷劑的人原本就會「捨不得丟東西」，即使明白現在有的已經很夠用，再囤積就是多餘的，卻無法輕易丟棄物品。於是到頭來，就會變成一味地囤放保冷劑。

曾有網路文章介紹過這樣的例子，有人在二手商品交易平臺「Mercari」（手機免費應用程式）以五百日圓（不含運費）「賣出」自己所囤放的二、三十個保冷劑。該文還寫道：「囤積保冷劑拋售，賺了五百日圓。」

由於我個人並沒有這麼勤勞，所以不予置評。但與其為了拋售保冷劑賺取五百日圓而拚命囤積，還是建議大家只要留下大概十個保冷劑就好，其餘就請果斷丟掉吧。

●你會囤放百貨公司或精品店的紙袋嗎？

會囤放百貨公司或精品名店紙袋的人也不在少數。

精品店的紙袋無論是設計還是材質都很棒，而且又耐用，用一次就丟的確很浪費。

外出時，袋子可用來裝包包放不下的物品，當作副包使用；送禮時也可再利用，甚至還有人會用來倒垃圾。

但這也是程度的問題。希望大家了解只要留下當前夠用的量就行了。

●囤積和亂買是有關聯性的

老是會買下不在購物清單中的東西，或是認為還可以再利用而過度囤積保冷劑或紙袋，這兩種行為看似矛盾，但卻有著根本上的關聯性。

證據就在於：會囤放保冷劑的人常常明明是一個人住，卻買了一臺大冰箱，而且總是把冰箱塞得滿滿的。

這主要是因為他們無法確實掌握生活所需，在限度之內做好自我管理。所以，這兩種行為或許可說是無法確實掌控自己、生活散漫馬虎的人的共通點吧。

5 「散漫馬虎」正是破產者的共同點

無法確實做好自我管理的人，以及生活散漫馬虎的人，都很難成為有錢人。這個論點是有數據佐證的。

●過去二十年來約有三百萬人破產！

所謂個人破產，是指債臺高築、無力清償的個人自行向法院聲請破產；裁定破產後，就能從債務之下解放，重新開始新生活。

當然，這也有不少壞處。例如，必須捨棄名下的房產等高價值資產，且在破產信用註記期間不得從事律師、司法書士[2]和房仲等工作，還得將姓名刊載於公報等。因此，個人破產可說是萬不得已才去做的「能夠脫離債務的最後手段」。

那麼，究竟有多少人被裁定個人破產呢？根據資料顯示，在過去二十年間約有三百萬人聲請破產。簡單來算，就是一年裡約有十五萬人聲請破產。

●個人破產者的三大特徵

根據「個人破產網站」的資料顯示，個人破產者有下列三大特徵：

①投保兩份以上的壽險。

②不在乎自動提款機於非營業時間所收取的手續費[3]

③有加裝有線電視。

從上述特徵可以看出，破產者對於小額花費的自我管理較為散漫。壽險就避險而言或許有其必要性，但也不可小看保費。再者，投保二份以上的壽險，要不是因為拒絕不了保險業務的推銷，就是無視在保險期間發生的收入縮減等變化，沒有重新檢視保單就糊里糊塗地繼續繳錢。

這樣就算被說是不懂得收支管理，也沒什麼好辯解的。

自動提款機在非營業時間所收取的手續費也一樣。明明在平日營業時間內使用就能省去手續費，卻常有人喜歡在假日、晚上，或是到會收取手續費的超商使用提款機。

而這些人每次的提款金額大多介於數千至一萬日圓之間，習慣用完再領。

2. 類似臺灣的代書。
3. 日本的自動提款機並非全部二十四小時開放。

加裝有線電視又該怎麼說呢？這雖然是個人興趣，我不想多加批評，而且加裝費用頂多數千日圓，並不是很大一筆錢（因收訊不佳等理由而不得不加裝的情形除外）。

但有很多人在加裝後，大部分時間其實都沒在收看。就我個人的經驗而言，只有在加裝初期才會比較常收看。即使如此，也沒有人會因為自己已經漸漸沒在看而解約。

他們總是認為：「這點小錢沒關係。」

●保險真的是用來避險的嗎？

我先來說說我自己漫不經心的金錢管理例子吧。

由於身邊有好幾位友人罹患癌症，我便在某一天投保了住院醫療險和癌症險。二項保險的月費都是一萬日圓出頭。

只有健康這項優點的我，十一年來不曾住過院。但想不到在有天下班後，我在回家路上被擁擠的人潮推倒，導致右手有三處骨折。我被送去醫院進行全身麻醉手術，並在醫院住了將近一個禮拜。

這次意外受傷，我可以領取的保險金約五萬日圓出頭，再扣掉診斷書等數千日圓的相關文件申請費，實際拿到手的金額正好是四萬日圓整。

與其說這份保險對於意外受傷的保障單薄，不如說大家最好要有個認知，那就是醫療險的搭配大多都是以疾病為主。

明明受了重傷，過去十一年以來，我每個月都繳了約二萬日圓，總計約二百七十萬日圓的保費；但最後實領到的金額卻僅有約四萬日圓。

保險的作用原本就是為了管理風險。只有在發生不幸的時候，才能藉由保險來「賺錢」，所以對於過去十一年所付出的極大損失，或許我反倒要感到慶幸。但是，我個人還是忍不住做了損益評估。

受傷事件過後，我去了一趟街坊上常見的保險健檢服務處諮詢。窗口服務人員一聽完我的敘述，就很直截了當地說：

「如果您手邊有足以支付臨時住院的預備金，那其實沒必要投保。」

從那一天起，我便將防災險、車險以外的保險全數解約，直到現在都未曾再投保過。

●你的生活中是否存在漏財破洞？

當然，我並不是在否定保險。如果有孩子要扶養，扛起一家生計的人最好要投保壽險，另外可能還得投保就業保險。

我想說的是，保單也需要常常健檢，確實做好維護工作，例如：重新檢視保費和補償金、適度變更保單組合等等。

平時散漫馬虎、不曾檢視過保單的我，在省吃儉用的同時，也不斷付出每個月的保費，形成生活的漏財破洞；我卻渾然不知地就這樣過了十一個年頭。

尤其是每個月透過銀行自動扣款的保單，更需要謹慎以待。如果從這點來看個人破產者中，有不少人都是有線電視契約客戶的事實，就相當具有說服力。

6 不整理、不清掃，任憑房間髒亂

你的房間是否總是整理得乾乾淨淨，從這裡也可以看出你與財富有多少緣分。

●收入愈低，房間愈亂

某週刊雜誌曾推出一個企劃，前去拜訪年收入大幅低於平均值的人的房間。而這群人所具備的特徵，與其說是不出我所料，不如說是大大超乎我的想像。

根據報導，與財富無緣的人具有以下五項共通點。

①房間內堆滿不用或不適用的物品（捨不得丟東西的個性使然）。

②廁所、浴室和廚房等地方的水槽髒汙。

③有大量屬於個人興趣的物品，如漫畫、遊戲或吉他等。

④囤放垃圾（沒有掌握好丟垃圾的時間）。

⑤一直在使用舊電器。

舉例來說，冰箱裡老是塞滿沒吃完的食物，或是待洗衣物和垃圾老是堆積成山的人都得特別留意。

說出來不怕別人笑，我的房間之前也是接近這種狀態。每天忙到沒時間整理。雖然總是對自己說「只要動手，隨時都可以打掃乾淨！」但又不是住在什麼豪宅，要把周遭環境打掃乾淨根本花不了多少時間。

●整理房間，就能改變用錢習慣

我自己是因為某個因緣際會，整顆心才「脫胎換骨」。那個契機就是老家的大清理。

母親年邁逝世後，我在清理老家的期間，不知怎麼地感到悲從中來。因為不管怎麼清理，總有清不完的物品。在這些物品當中，雖然也有頗具價值的東西，但絕大多數都是毫無珍藏價值的物品。

因為家母正是典型捨不得丟東西的人。

在那之後，我趁著一次搬家的機會，連忙處理掉手邊的大半物品。

直到現在，我平時所用的餐具，數量絕不會超出廚房一格抽屜的收納量。

至於衣物之類，我也是放膽處理掉了。正好住處附近有間教會經常舉辦義賣會，我有不少東西都捐給了他們，像是文具用品、餐具、手帕和各類鞋包等。

再加上我很愛出國旅遊，順手買下的紀念品或伴手禮囤積量可觀，而這些東西我也果斷地全捐出給教會義賣。

不用說，把東西捐出去義賣其實換不了錢。但只要一想到「這些物品不是被丟掉，而是有人會去使用」我心中的罪惡感便得以消除，讓我能夠毫不留戀地清出大半物品，心情頓時變得輕鬆暢快許多。

●不亂花錢，房間就會乾淨整齊

歷經過這次手邊物品的大清理後，我的用錢習慣也有了極大的改變。為了不讓難得整理乾淨的家再次變得髒亂，除了真正有需要的東西外，我不再胡亂購物。

現在即使出國旅遊，我也連一張明信片都不會買。因為先前搬家大清理時，就清出了一大疊連用都沒用過的海外風景明信片。

話雖如此，我出遊時還是會替親友買一些「會消失」的伴手禮，那就是食物。因為吃完就沒了。

把家裡整理乾淨，用錢習慣自然就會不一樣。就我的個人經驗而言，這絕對是千真萬確的。

告訴自己別再亂買沒用的或並非急需的物品。每天都省下一點錢，日積月累下來這會是一筆可觀的數目。

7 家裡有好幾把超商的塑膠傘

近年來日本的氣候有明顯的變化，經常像熱帶地區驟雨般突然下起大雨，下個半小時至一個小時就放晴了。

但如果因為大雨沒趕在約定時間內赴約，重要的商務洽談就會遲到。因此，只好在車站前的超商等地方先買一把四百日圓至五百日圓不等的便宜塑膠傘，冒著大雨赴約。

我想如果遇到這種情況，應該有不少人都會這樣做。問題是：你最後會怎麼處理這把塑膠傘呢？大多數的人會認為就算雨停了，傘也不能隨意丟棄，只好先帶回家去。

之後，如果又在出差地遇到大雨，同樣還是會再買把塑膠傘，然後再帶回家去……。這樣的流程重複個幾次，某天你就會赫然發現傘桶裡已經插了好幾把塑膠傘。

其實只要能養成攜帶摺疊傘出門的習慣，自然就可以預防這樣的浪費。

●不用的塑膠傘就要斷捨離

那是我跟某位作家約在咖啡廳洽談時所發生的事。

那天突然下起了驟雨。眼看約定的時間即將到來，不一會兒該位作家便冒著大雨準時趕到，手上拿著一把塑膠傘。大概是因為突然下大雨，才沒招到計程車吧。

洽談大約一個小時就結束。這時，雨也已經停了。

該位作家手拿著傘站起身，走向咖啡廳老闆，對他說：「這把傘方便放在店裡給臨時碰到下雨的客人使用嗎？」「感謝您的好意。我想客人也會很高興的。」只見咖啡廳老闆很爽快地回應了他的提議。

我們不是這間咖啡店的常客，而是第一次來。只是為了找個雙方都方便的地方，才約在這裡碰面。

「所謂的有錢人，在斷捨離時都很果斷乾脆呢。」

我發現自己學到了很重要的一課。

●斷捨離的注意事項

不需要的東西就不要放在身邊。不過，如果要斷捨離，請儘可能讓它以「活著」的形態離開你。

我想這樣的態度能夠培育出富足的人性，讓你往有錢人的道路更邁進一步。

在那之後，每當家中囤放的塑膠傘超過三把，我就會全部拿去送給自己常去的餐廳，讓他們當作店裡的愛心傘使用。因為一味囤放自己用不到的東西，只不過是在曝露自己內心的窮酸樣罷了。

8 東西一收進包包就不會整理

我個人非常尊敬的作家們，有許多人都是「超級有錢人」，其中一年比一年有錢的人也不在少數。

M先生和我做為作者和編輯的關係，相識已長達十年。他這些年來的發展之快令人驚嘆，收入想當然也相當可觀。

M先生的本業是醫師。他所經營的醫院，在我們剛認識時還只是地方上比較有名的醫院，如今已躍升為全國赫赫有名的醫院。不僅如此，遽聞他高超的手術技巧連國外患者都有所耳聞，紛紛前來日本找他治療。

M先生經常透過演講或出書來分享他擔任醫師的經驗，以及在百忙之中自我磨練的成果，連帶也不斷拓廣了我的活動領域。

●有錢人做事不會漏東漏西

和M先生一起工作時，很讓我感到敬佩的一點就是他做事從不疏漏。洽談時必須攜帶的企劃書或參考資料就不用說，就連我在討論中提出「如果有值得參考的資料，再麻煩您寄給我」的請求，他也不曾忘記。

他並沒有帶著祕書一起，而是所有的事都自行管理。即使是這樣，無論再怎麼忙碌，我也不曾聽他說過「我不小心忘了……」這類的話。

●每天清空包包，重新整理必要物品

有一天，我下定決心向M先生請教做事不疏漏的祕訣。

由於他同時身兼數職，一天之中安排多場洽談也是常有的事。為此，他會在每場洽談之間預留約三十分鐘的間隔，利用這段時間好好重新整理公事包裡的物品。

事實上，M先生所經營的醫院位在地方縣市，活動據點理應也是以當地為主。但如此一來，就很難兼顧到演講或出書的部分。所以他就在東京租借了某間飯店的一個房間，來當作這些工作的活動據點。

工作洽談大多就在他租借的那間飯店，或是東京都內的高級飯店會客廳進行。

正因為如此，他才有辦法在每場洽談之間預留約三十分鐘的間隔，用來整理或更換公事包裡的物品。每當一場洽談結束，他就會先回到飯店房間，好好整理一下公事包，為下一場洽談做好準備。

M先生的公事包整理技巧是這樣的：

「首先將公事包倒過來，完全倒空裡面的東西；然後再逐一放入下一場洽談所需的物品。換言之，就是每一次都將公事包「重置」。

「當你這麼做的時候，也會一併重置自己的腦袋，即使一天當中排了好幾場不同議題的洽談，思緒也不容易亂成一團。」

這是因為在整理公事包的同時，腦海中的開關也會一起切換的緣故。

順道一提，他也會按照各項企劃整理上一場洽談所使用的文件和筆記，將它們裝入大紙袋中放得井井有條。

據他表示，由於已經習慣在一天結束時整理當天洽談的文件和筆記，所以也能夠一併確認各個待辦事項，例如「要寄參考資料給A」或是「要回覆B關於○○的事」等，自然就不會有所疏漏。

●養成整理包包的習慣，腦袋就會更清楚

自從我向M先生請教過後，自己也立刻養成每天倒空公事包，重新放入所需物品的習慣。託他的福，因為每天早上的公事包都已整齊放入當天工作

的所需物品，不只大幅減少了疏忽漏忘的情形，也不再不小心放進不需要東西，或放成其他工作所需要的東西。

另外，在整理公事包的同時，也有助於讓自己的腦袋切換成下一場工作的運作模式，釐清思緒時變得更有條理。

重置公事包這件事，對於M先生或是像我這樣的自由工作者，也就是每天都有不同企劃同時在進行的人而言，效果相當可期。

不過，就算是每天都在固定職場工作的人，每天要處理的工作內容應該也會稍有不同吧。

無論如何，我都建議大家養成整理公事包的習慣。只要親身體驗過一次，你應該就能實際感受到自己究竟有什麼改變。

9 回到家後馬上打開電視

別說是遠離電視了，電視至今仍是許多人生活的重心所在。就連公開表明不常看電視的我，也沒有自信過上沒有電視的生活。

但是，倒也不是說每個人都會心想「就看這個！」或「這節目不能錯過！」像這樣認真挑選電視節目來看。我想大多數人都是一旦待在家裡，自然就會想打開電視吧。

尤其是獨居者，一回到家後就會打開電視的人想必不少。

●電視和電玩是時間小偷

結束一天的工作回到家時，沒有人等待的家確實有點冷清。這時候如果有點人聲，就算是電視畫面傳來的聲音，心情也會比較放鬆……。如果是這樣，並不能說這麼做有什麼不好。

不過，問題是出在你的後續行動。

因為常有人順手打開電視後，發覺節目還滿有趣的，就這樣一直看下去。等到回過神來，半小時、一小時就這麼過去了，原本預定今晚要在家做好的事也就隨它去了。然後你就會心想：乾脆明天早點去公司做吧，不，我想只要中午前在公司做完就好了……。

不只是工作，諸如要事先聯絡朋友的事情，或是洗衣和倒垃圾的準備工作等其他待辦事項，都會被電視佔去時間而毫無進展。

再者，電視旁邊也會放著電玩遙控器。不知大家是否曾經有過太過沉迷於電玩或手遊，甚至廢寢忘食，導致隔天早上因為睡眠不足腦袋一團亂的經驗呢？

●想看的電視節目全都錄起來看

這種散漫馬虎的態度也會影響到用錢習慣。就算被碎念每個月都逃離不了驚險度過的荷包危機，自己也無法反駁。

其實，我從以前開始原則上都不會按時收看電視節目；而是事先將想看或覺得有趣的節目錄下來。

之後等到自己有空時再播來看。如果有事先錄下節目，但後來覺得節目無趣，只要直接刪除檔案即可，而且還可透過快轉廣告等方式來縮短觀看時間。

雖說其他方面散漫馬虎的生活態度還是很難改掉，但自從申請了錄影功能後，至少在電視這方面已經能夠確實按自己的方式做好管理。

在此建議大家，不妨試著養成預先錄下電視節目的習慣吧。

10 收到LINE訊息就馬上回覆

無論是搭乘電車還是進入咖啡廳，現在的人多半都是在滑手機。其中多數的人肯定都正在使用LINE吧。

●持續暴增的LINE成癮者

遽聞現今全球有多達五億以上的人口在使用LINE。LINE的特點在於可以像在對話般，接二連三地發送短訊與對方溝通交流，更吸引人的一點就是，它完全免費。

然而，正因為它深具吸引力，也引發了LINE成癮者持續暴增的新問題。

心裡老是掛念是否有人傳LINE訊息過來，因而按捺不住地頻頻檢視手機。如果是自己傳了訊息，也會十分在意對方到底讀了沒，以致於無心工作，不時偷瞄手機。

說起來，LINE原本是像電話或電子郵件，只是一種「有需要才傳訊息」的溝通手段。但卻有愈來愈多的人經常傳送「早安」或「你現在在做什麼？」等毫無意義的訊息。假如你有這樣的行為，最好要有所警覺自己可能就是LINE成癮者之一。

●LINE成癮代表欠缺自我管理能力

容易LINE成癮的人，具有下列特質：

＊無法克制自己的欲望。

* **渴望引人注目。**
* **容易拘泥於一件事。**
* **無法拒絕他人的好意。**
* **無法好好地接受現實。**

這裡就不用再多說，這類人並不擅長貫徹自己的意志。總是任憑自己被當下的感受牽著鼻子走，隨心所欲地行動。由於這種態度也會展現在用錢習慣上，錢財很容易就毫無意義被花掉。

乍看之下，LINE成癮症和金錢之間似乎沒有任何關聯，但事實上，兩者之間的關係比我們所想像的還要來得緊密許多。

11 不遵守小禮儀

如果真要享受高爾夫球的樂趣，最好是到國外的球場去打球。

似乎有愈來愈多的人擁有這樣的想法。以國外的高爾夫球場來說，我就有位朋友常會去美國夏威夷或西海岸的球場打球。

日本當然也有好的高爾夫球場，但問題卻出在於「打球的人愈來愈不守禮儀」。

高爾夫球原是紳士的運動。計分就不用說了，要是把球打進深草區，對於判斷球是否有從落地的位置移動，這一切都是由球員自行回報。除了高爾夫球外，沒有一項運動的競賽方式是如此。

●你能否自然而然採取有風度的行動？

不過，在日本隨著高爾夫球的大眾化，禮儀失序的現象愈來愈明顯。

我這種說法或許會招來批評，但大致說來，有錢人的行動都具有風度，也會確實遵守禮儀。另一方面，與金錢無緣的人，則經常毫不在乎地無視禮儀和規則。如果是在沒有人看到的地方，甚至會大剌剌地偷機取巧一下。

而熱愛高爾夫球紳士精神的人，對於日本多數高爾夫球場大眾化，導致高爾夫球重視公平的基本精神崩解一事，無不深感厭惡。我想這是值得我們深思的地方。

●禮儀和金錢的關聯性

在其他場合，也很常見到富有之人較懂得遵守禮儀且行事有風度的例子。如開車就是其中一例。曾有人告訴開車技術不怎麼好的我：「你開車時最好跟在高級車後頭。」他的理由是，開高級車的人大多比較注重行車安全，開車也比較穩。

有句話說：「人窮志短。」這是因為一旦手頭拮据，人就容易自甘墮落。遺憾的是，我個人並沒有富有到能夠十分肯定地說「我是有錢人」的程度。不過，我還是經常會去高級餐廳用餐，或是偶爾狠下心去看場歌劇表演。

當然，我這麼做的目的是在於享受其美味、氛圍和演出。除此之外，我所得到的更大收穫，就是得以觀察到現場人們所展現出，那顯得毫不在意又完全習以為常，甚有風度的言行舉止。像這樣，每一次外出時，我同時也會抱著能學點東西也好的學習心態。

如果你想成為富有之人，不妨先試著仿效他們的言行舉止。這是用不著花錢，又能夠立刻實行的絕佳途徑。

第2章

誠心面對金錢的有錢人

你的這份用心能孕育出將來的富足

12 合約要從頭到尾仔細瀏覽

從事自由編輯工作，自然會遇到和許多不同作者簽訂出版合約的情況。透過這樣的經驗，讓我知道所謂有錢人，也就是那些在某些領域取得耀眼成功的人們，對於合約都會非常嚴謹看待。

●合約也是自身工作評價的一環

在書籍出版之際，出版社和作者會簽訂出版合約。由於合約上頭會詳細載明版稅在初版時為〇〇％，再版時為××％等條款，常有人覺得合約內容太過繁雜，不想費心仔細閱讀。

出版合約大抵都是在確認打樣時簽訂（註：各國情況不同）。這時，成功者會將合約從頭到尾仔細讀過，無論是多細微的項目，都會要求合作對象說明清楚。

例如，版稅率是按初版冊數來計算，即使有1％的落差，在金額上也只不過是幾萬日圓罷了。不過，對成功者們來說，哪怕是只砍了1%，若無法提出能令人信服的理由，他們是不會輕易接受的。

這或許也是因為他們對自己的工作感到自豪，因此可以明顯看出，愈是能幹的人，對於金錢的態度也愈嚴謹。

近年來，出版業連年衰退，我想在有錢人眼中看來，初版時所收到的版稅應該只能算是蠅頭小利。但如果變成暢銷書，一本書仍有可能賺進以億為單位的版稅，而這也正是出版的妙趣所在。我所認識的一位當紅漫畫家，其著作累計銷售量達數千萬冊，他的年收入就有數億日圓。

與其說認真細讀合約是基於對金錢的執著，不如說支付條件是對於自己工作的評價。成功者對於工作評價的認知，會連同金錢也包括在內。

另一方面，當出版社遞出合約時，不好好確認內容，只說一句：「我要簽的就是這個吧，那就拜託您們了……我要在哪裡簽名呢？」就想馬上簽名的也大有人在。

就我長年的經驗，我個人認為前者更教人信賴。這是因為簽約時不會仔細確認金錢相關條款的人，很難想像他在工作上也會秉持認真負責的態度。

●會仔細閱讀繳費單的人VS只匆匆一瞥的人

除了書籍出版簽約外，在日常生活中會收到的金錢相關通知，如各類繳費單等，其實比我們想像的來得多。當你收到這些繳費單時，是否會仔細閱讀呢？

老實說，我個人並不擅於處理細節，收到繳費單時，通常都不會細讀就付掉請款金額。

不過，當我看到有不少人都會仔細閱讀後，漸漸了解到自己的做法很不可取，所以也開始細讀每張收到的繳費單，並且核對手邊的存根。

信用卡的繳費單，多半是過去一個月的購物記錄。當你瀏覽帳單時，可能會覺得某項消費「買得好！」而再次感到滿足；反之，也可能會發現當中有不必要的消費而自我反省。

仔細瀏覽繳費單，也不失為一個重新檢視自己過去一個月用錢習慣的大好機會。

●應領薪資跟實領薪資的落差令人意外

再來，對於薪資單，大家是否會仔細瀏覽呢？

我想只關心實發金額，而從不仔細瀏覽細項的人應該不在少數。

在我還是個領薪族的那段時間，我也只在意薪資金額，認為根本沒有必要仔細去看細項。

直到有一天，我偶然發現薪資單開頭應領金額和實領金額之間的落差，竟然比想像中還來得大，這才試著從頭逐一檢視每一條細項。

結果，我相當驚訝從薪資中扣除的項目可謂五花八門。除了稅金外，另外還有健保費、長照保費、退休金，以及失業救濟相關社會保險……等。

當然，這些負擔是用來維持社會安全網的運作，自是必要的付出。但就個人的實際感受而言，健保費和長照保費等負擔要比我原先認知的還來得沉重多了。

●對「社會的錢」過於慷慨值得深思

主動察覺這樣的負擔是十分重要的。一旦知道負擔的沉重，自然就會關心起稅金的用途，並提高對政治和政府機關的關注程度。

金錢有兩種，一種是自己的錢，另一種是社會的錢。

所以，我們必須更認真思考，所謂「真正富足的生活」，是必須兩者都獲得滿足才會實現。

隨著少子高齡化社會的快速進展，「社會的錢」如何被運用，尤其是重心所在。因為這個部分，可說是關係到今後社會的富足程度。

13 不要避談錢的話題

現今還是有許多人認為，在他人面前談起錢的話題，是一種「沒品」「下流」的行為。

尤其是對於藝文工作者，大家都有著他們不在乎金錢，「滿腦子只想著創作出好作品」的理想印象。

就算自認為會在乎錢再正常不過，甚至就某個意義而言，這是我們最關心的大事；但只要一說出口，就很容易會被說是「小氣巴拉」。想必有不少人，到最後會因此把湧到喉頭的話給吞了回去吧。

●談到錢就是下流、沒品？

為何談到錢就是下流、沒品呢？

我想被問到這個問題的人，應該沒有人能夠有好的解釋。

即使是像我一樣從事自由編輯和寫作的工作者，在接到案子時，也很難直接開口就向對方提出「這件案子會有多少報酬？」的問題。

如果沒有講明報酬條件，勢必會讓人不知道是否該接下這件案子。

當然，對方事先講明報酬的情況也是有；不過要是對於金額有所不滿，也很難開口反應。因為一旦直說，只會被貼上「態度惡劣」的標籤。

所以，近年來除了演員歌手外，有愈來愈多作家、畫家和評論家等工作者紛紛開始聘請經紀人或加入經紀公司。

有談判專家介入其中，不僅更容易提出我方的條件，和金錢相關的交涉也會進行得比較順利。

但是，我們仍然必須跳脫對金錢話題的偏見。錢的話題一點也不下流、沒品。金錢反倒是最容易展現自身社會評價的指標。

我們要學著用更自然、坦蕩的態度來談論錢的話題。

正因為有對等的報酬產生，才是所謂的工作。若是抱持著「錢的事無關緊要」的態度，也就難以期待一個人能創作出像樣的作品。

●如果無法創造收入，就只是單純的「玩樂」

這是我某位朋友的例子。

他是一位資金雄厚的資產家，就算沒有工作收入，生活也不成問題。在這樣的情況下，即使公司出現虧損，他也毫不在乎地繼續工作，這讓跟他有長年交情的會計師忍不住對他說：「你的工作是做興趣的吧。」

然而，我這位朋友還是沒有理會會計師的提醒，在工作上依舊我行我素。眼看著公司一再虧損，會計師終於對他說：「我看你的工作是玩樂性質的吧。」

像他這種對虧損毫不在乎的態度，就算會計師的話中帶有輕視之意，這也不為過吧。

●為何很多人不談錢的話題？

「一談到錢就傷感情。」這樣的想法早已滲透民眾的日常生活。在日本，父母多半會抱持著跟孩子避談金錢話題的態度。

愈是想隱瞞的事，愈容易激起人的好奇心，所以孩子自然會對金錢抱有強烈的興趣。

這種情況，從孩子一方面天真地想要昂貴的遊戲機，另一方面當學校告知要繳交活動費用時，又會一臉認真地擔憂起家中經濟狀況的表現就可以看得出來。

然而，每當孩子難得表現出對金錢的關心，父母卻往往會用「錢的事輪不到你來操心！」的斥責態度回應。

這樣的經驗很可能就會在孩子的潛意識中植入「不可以在他人面前談到錢」的印象。

●對家人要更積極談起錢的話題

一個人如果想要生存，金錢不可或缺。這是顯而易見的現實。因此，在家裡最好要更積極地談起錢的話題。不，是應該要這麼做才對。

至於要談些什麼？又要怎麼談？這就要看孩子的年紀，或是家裡的狀況來決定。

我有一個朋友，在他的獨生女上小學後，就經常跟她談起錢的話題。

女兒讀低年級的時候，他會畫一個代表爸爸每個月所賺到的錢的大圓，跟她粗略說明家裡的開支狀況，逐一在大圓中劃分出房貸、養車費、電費和瓦斯費……等必要支出，最後剩餘的錢就是用來維持一家三口日常衣食的生活費。

如此一來，即使是小學低年級的孩童也會懂得家長賺錢的辛苦，而對撐起一家生計的家長心懷敬意。

我不是不能夠理解父母「不想讓孩子擔心家裡經濟狀況」的心情；但是孩子終究會長大，還是得具備對金錢的關心和知識。

我想更重要的是，要有技巧地讓孩子知道，為了維持一家安樂的生活，金錢是必要的，並且幫助他們建立起正確的金錢觀。

14 無論跟家人還是孩子都要談到錢

話雖如此，突然要跟孩子談起錢的話題，或許也會有人覺得負擔過重。如果是這樣，不妨試著用寵物的話題來切入。

當孩子稍微長大一點後，幾乎都會有想飼養小動物的渴望。而這時候正是跟孩子談到金錢話題的大好時機。

●如果要飼養寵物，就要跟家人一起討論開銷

我有一位親戚旅居美國十年，三個孩子都是在美國長大。據他們所言，在美國，家庭成員聚在一起坦率討論家中大小事是很稀鬆平常的事。當然，他們也會談及錢的話題。

以飼養寵物為例，要養寵物就會有飼料費的支出；寵物若生病了，也需要帶去給獸醫治療。美國家庭會全家一起討論這些事，而孩子們也會認真看待金錢的問題，並且想辦法解決，例如，主動提出要減少自己的零用錢，或是去打工存寵物將來的醫藥費。

我認為這樣的習慣應該要積極引進國內。

如果想在家裡飼養寵物，全家人都願意一同分擔照顧和開銷的心態十分重要；而藉著這樣的機會，自然也能夠讓孩子主動關心起家中的生計，並且培養出懂得承擔其中一小部分的責任感吧。

●儼然已成了龐大產業的寵物市場

說到寵物，對於某個現象，我最近愈來愈摸不著頭緒。

那就是當今盛況空前的寵物風潮。

雖說歐美的寵物風潮也很興盛，不過，在歐美若想要養寵物，通常都會去動物收容所領養正在找家的流浪貓狗。

至於日本，想養小動物的人則是會直接跑去寵物店購買。寵物店所販售的貓狗幾乎都是附有血統證明書的品種狗或品種貓，一隻就要價數十萬日圓。

即使如此，還是照樣賣得嚇嚇叫。從這種現象，讓我不禁對於大家的金錢觀感到相當困惑。

我向寵物店詢問，得知購買者以年輕人居多，且多半是以三十六期分期付款的方式來購買。金額若是高到這般程度，就算孩子願意減少零用錢，或是去打個零工也很難湊到足夠的錢。

老實說，看到民眾欣然買下高價寵物的風潮如此盛行，再看到有不少民眾為了減少生活費的支出而緊盯著超市傳單認真研究的樣子，我真的不知道該如何將這兩種現象連結在一起。

遽聞寵物相關產業的市場規模已高達一兆四千七百二十萬日圓（根據矢野經濟研究所的調查，二〇一六年）。這項統計雖然也包含寵物食品、藥品、活體販售、醫療和寵物保險等諸多項目在內，但寵物市場竟然有辦法成長到如此超乎想像的龐大規模，仍是教人吃驚不已。

如果孩子向你提出想飼養寵物的請求，你是會直接跑去寵物店購買呢？還是會告訴他去領養一隻回來呢？

這當然也跟錢的問題脫離不了關係，但我認為隨著選擇的不同，父母給予孩子的教導將大為不同。

順道一提，皇太子[1]一家飼養了一狗一貓，據說都是領養回來的。

15 對賺錢的人要心懷敬意

似乎有點離題了，我們再回到金錢的話題上來吧。

誠如先前所說的，在日本如果公開宣揚自己的人生目標是「成為很會賺錢的人」，他人很可能會投來「這個人到底在想什麼啊？」的輕蔑眼光。但是，這種態度真的正確嗎？

●金錢是社會評價的基準

請靜下心來想一想，所謂的賺錢能力，是必須具有可獲得社會高度評價的技術或能力才能夠達到的。

暱稱「Horiemon」的知名創業家堀江貴文曾表示：「金錢是最公平的價值標準。」先不說這個標準是否「最」公平，至少在現代社會，會賺錢的人的確可說是等同於優秀的人才。

1 皇太子德仁已於二〇一九年五月一日繼任天皇，年號為「令和」。

體育界就是個最真實的例子。

世界頂級選手究竟可以賺多少錢呢?年收入排行第一的足球選手克里斯蒂亞諾．羅納度（Cristiano Ronaldo）賺了約九十四億日圓，相當於一間稍具規模的公司的年度營收（出自《富比士》（Forbes）財經雜誌〈全球最賺錢的運動選手二〇一六〉一文）。

排名第二的，是同為足球選手的萊納爾．梅西（Lionel Messi），年收入約有八十七億日圓；而排名第三的，則是籃球選手「小皇帝」詹姆斯（LeBron James），年收入約有八十三億日圓。

至於日本人運動員的年收入榜首，是網球選手錦織圭，賺了約三十五億日圓；另外，挺進全球百大的還有一個人，那就是棒球選手田中將大。

據聞田中將大選手自二〇〇六年加入樂天金鷹起，直到二〇二〇年與紐約洋基的合約終止為止，靠打棒球所賺的錢就可高達一百六十八億七千日圓。若再加上廣告演出費等收入，真不知金額會高到哪裡去。

而這個金額，完全是田中將大選手靠自己的力量所賺到的，也可以稱作是他所獲得的評價。

●具有個人魅力才賺得到錢

日本商業界的首富，是軟銀（SoftBank）的孫正義，其資產額為二兆二千六百四十億日圓。排名第二的，則是優衣庫（UNIQLO）的柳井正，其資產額為一兆八千二百億日圓。

接下來，第三名是三得利控股（Suntory Holdings Limited）的佐治信忠，第四名是基恩士（KEYENCE）的瀧崎武光，第五名是樂天的三木谷浩史（出自《富比士》雜誌日本富豪排行榜，二〇一七）。

除了三得利外，上述公司都是由現在的經營高層一手創立，並且在他們的高超經營手腕之下逐漸成長茁壯。優衣庫的柳井先生原先是繼承了父母所經營的男裝店，能夠將一間小小的店面擴展成現今的全球知名品牌，無疑就是靠他自身的實力達成的。

從上述例子我們可以得知，在現代社會中「會賺錢的人」都擁有過人的才能和技術，並具有能夠使眾人願意追隨的個人魅力。

所以我們可以這麼說，要是對於公開宣揚自己的人生目標是「成為很會賺錢的人」會感到有所懷疑，這樣不只無法成為有錢人，甚至也當不成擁有個人魅力的人。

16 不說「錢也沒什麼大不了的」

這群脫穎而出的有錢人，大多數都非常努力、勤奮打拚；同時也可說是相當幸運的一群人。

不過這樣的好運，甚至可說是強運，多半都是他們自己招來的。

●成功致富者的共通點

遙遙領先的成功者們，幾乎都是對機會甚為貪心的人。

例如，遇到資金不足時，他們都能夠放下身段去籌措資金，敢在他人面前坦蕩蕩地表明自己現在很需要錢。

上一節所提到的孫正義，當他還在加州大學就讀時，為了籌措創業資金，便將自己所開發的自動翻譯機賣給夏普（Sharp），最後如願賺得一億日圓。而那時候的他頂多才二十歲吧。

遽聞孫正義當時很有自信地表示自己開發的自動翻譯機是非常優秀的產品，並堅持要用在那個年代可說是天價的一億日圓售出，一步也不退讓。

●為何「不執著於金錢的人」不值得信任？

許多人都無法做到像他這樣。

不僅如此，很多人只要一談到錢，就會突然正經八百地表示：「不，我不是一個把錢看得很重的人……」

或許本人是有意佯裝客氣、高尚；但就我來看，認為金錢只是次要、對金錢不執著的人是不值得信任的。

如果對工作有自信，並且滿懷誠意，那對於金錢就更該確實說出自己的期望和想法。

雖然在這個嚴峻的時代，事情的進展不是每一次都能如己所願。但即使在這種情況下，也要好好說出自己該說的話。尤其是關於金錢更是如此。

請確實抱持「金錢也是工作的一部分」的價值觀，不避諱談論錢的話題，唯有如此才稱得上是能夠獨當一面的社會人士。

17 不說對金錢失禮的話

上班族在小酌時所聊的話題，多半都是在怨嘆薪資低廉。

但這樣的怨嘆並無法炒熱現場的氣氛。陰鬱的氛圍無法提振精神，只會讓自己與金錢的關係更加惡化，絕不會有好轉的可能。

因為唯有開朗、正向積極的氛圍，才能夠把財富吸引過來。

●與其開口抱怨，不如先感謝現況

雖說欲望是沒有上限的，但是大家也別忘了，自己現在有份穩定的工作、每個月都能確實領到薪水，這是件多麼幸福的事。

要是遇到被裁員，甚至是遇到公司倒閉，想要再找到工作絕對比想像中還來得困難，屆時可就真的要煩惱了。

大家最好謹記在心，這個社會就是這麼嚴苛。

所以重要的是：在開口抱怨前，應當要先打從心裡感謝自己所處的現狀。然後心懷感恩，努力向上。

帶著牢騷和不滿向前邁進，引擎就不容易發動。反之，若是帶著感謝向前邁進，由於引擎已經預熱完畢，自然就容易啟動加速。

另外，「感謝」也是我們賺錢的原動力和爆發力。

18 不羨慕「鄰居的草皮」

「那傢伙總是配戴高檔領帶，想必是賺得很多吧。」

「當〇〇先生的太太真幸福。聽說她先生在外商工作，薪水好像很不錯的樣子。」

很多人會像這樣，老是沒來由地羨慕自己周遭的人。而這樣的人，同樣也無法與金錢之間建立良好的關係。

真要說起來，能夠賺得高薪的人，應該不會閒閒沒事地到處打探自己周遭人們的生活情況。

如果向上班族詢問，年收入要有多少才會覺得滿意？回答「一千萬日圓」的人占多數。但實際上，年收入超過一千萬日圓的人，在男性中占百分之六點七，在女性中占百分之零點八；而男、女性加起來，也僅占整體的百分之四點三七（國稅廳二〇一五年度民間薪資實情統計調查）。

再者，根據年收入超過一千萬者的生活實況調查，約有七成的人表示自己「沒辦法過奢侈的生活」，或是回答自己「生活並不富有」。

這類生活的實際感受，如今已經變成一種個人感受，我只能一笑置之。

●請試著換位思考一下

有句話說：「鄰居的草皮比較綠。」

不管怎麼看，鄰居的草皮就是看起來比較翠綠。不過，當你站在鄰居的庭院望向自家的草皮時，就會發現「咦，我家的草皮怎麼看起來反而比較綠啊？」

這是因為站在自家庭院，連腳邊的雜草都可以看得一清二楚，草皮看起來就沒那麼漂亮。而看向鄰居的庭院時，總是遠遠眺望，草皮自然看起來就比較漂亮。

財富也是如此。

我有位醫師朋友曾笑著跟我說：「如果一個醫生出來自己開診所，就會被認定是有錢人，這真的很讓人困擾。」遽聞近年來，就連診所也不得不備齊高價醫療儀器，所以身背沉重債務的醫師也不在少數，錢根本沒那麼好賺。

然而，一般人根本想像不到有這種事，便會擅自認為「醫生＝有錢人」。

●會羨慕他人，是因為無法認同現在的自己

對他人的羨慕之情，多半是出於無法接受自己的現狀，亦即對自我的否定。否定之中無法獲得任何收穫，這套用到金錢上也一樣。

如果否定財富，只會讓財富離自己愈來愈遠。大家是否曾聽過這種說法呢？

要完全壓抑下想去跟他人比較的心情或許有點困難，但至少可以試著在比較時不要否定自己吧。

舉例來說，如果可以換個角度想：「鄰居看起來好像很有錢呢。我也要好好努力打拚，哪天變得跟他一樣有錢。」這樣就不會落入自我否定的窘境之中。

不僅如此，說不定還能為自己的人生注入活力，開始一點一滴地改變。最後你將不難發現，這樣的改變會為自己帶來璀璨的希望。

19 聚餐時有智慧地各付各的

「改天一起吃個飯吧。」這句話無論是對商務人士來說，還是從平時有交情的朋友那邊聽到，都是會讓人感到開心的一句話。

在餐敘上閒話家常，一旦發現彼此有共通的興趣，不但有助於提升親密度，日後的交流也會變得更加愉快。

不過像這樣進展順利的餐敘，到了結帳的時候，還是很容易會產生彆扭。

「這頓飯就算我的吧。」「不，是我約你出來的。」常常因為雙方都爭著要付錢，而常讓氣氛變得僵持不下。

●以「各付各的」為原則

成功者們應付這類結帳場面的做法可說是相當有智慧。

除了某一方是客戶的場合外，他們原則上都以均攤為優先考量，但也不會不識趣地直接說：「這頓飯我們就平分吧。」

他們會迅速的抓起帳單走向結帳櫃檯，然後稍微回過頭說：「我們就各付各的，沒問題吧？」接著先付清自己的那一份。

如果雙方都點同樣的餐點，金額都一樣，這種結帳方式是最不麻煩的好辦法。

又或是快速掃過帳單後說：「那就一人各付四千吧。」直接提出一個適當的金額來均攤。

雖然提出的金額多半會是帳單總額的一半，不過請儘量以百圓為單位。如此一來，就算有誰多付了一些零頭，也沒有必要再去斤斤計較。像這種粗算的均攤方式，我個人也經常使用。

●請客與被請客的智慧

假如今天是你要請客，拿到帳單時請若無其事地小聲知會對方：「今天就由我來結帳吧。」這才是有智慧的做法。

我知道有不少介紹禮儀的書籍都說：「可以假借上洗手間之名搶先一步去結帳。」這究竟效果如何？我認為這種程度的默契，只要有掌握好當時一起用餐者的心思和採取行動的時間點就沒問題。

另外，當對方好不容易開了口說：「今天我……」結果你卻爭著講：「你說這是什麼話呢。」這樣也有失風度。

如果對方有意要請客，還是誠摯地接受對方的好意，回應：「那今天就讓您招待了。感謝您的好意。」比較恰當……不，應該就是要這樣做才對。欣然接受招待，我想對方應該也會覺得高興。然後別急著在下一次餐敘就想回請，而是等過一陣子之後，再找機會這麼做。

請務必記得，大多數有錢人都是相當擅長這方面應對的。

20 光只是存錢，不會增加財富

我想這世上沒有一個人是不想要錢的吧。而事實上，拚命把錢存到銀行去的人也不在少數。

日本人「愛存錢」是世上眾所皆知的事實。兩人以上家庭的平均儲蓄額為一千三百零九萬日圓（總務省家計調查，二〇一五年）。但誠如大家所知，由於平均值會受到極端值的影響而被拉高，這個數值跟實際感受到的金額之間應該多少有些落差。

所以近年來，開始比較常使用中位數，而一個家庭儲蓄額的中位數為七百六十一萬日圓，這才是日本人荷包的真實情況。

●為何有存款卻仍感受不到富足？

一開始就先提出數字似乎有點過於隨性，不過，這個數字充其量只是參考值。雖說每個家庭都各有不同的想法和生活方式，但對於沒存這麼多錢也能開心過活的人，仍然可以說他們比較懂得生活，而且心靈也較為富足。

而另一方面，現在有許多人即使擁有相當金額的積蓄，卻完全無法擁有富足感。會有這樣的感受，主要是因為沒有積極運用金錢的緣故。

高齡者最愛儲蓄，並且會基於「這是怕自己將來生病才存的」或「這是為了自己以後要住安養中心存的」等理由，完全不動用這筆錢。某週刊雜誌的報導指出，有許多人去世後留下的積蓄超過三千萬日圓，我認為這是最浪費錢的做法了。

常言道，金錢就像是社會的血液。實際上，如果金錢無法循環，社會的活力就會下降，進而導致經濟停滯。

●金錢沒有使用就會失去活力

同樣的原理也可以運用到個人。

存錢並非壞事。許多人都抱持著這種想法。然而，要是不放手讓金錢流通，金錢就會失去活力。

無論列在存摺上的數字有多大，那也只不過是一串數字罷了。因為金錢真正的價值，唯有在使用金錢、讓金錢如活水般流動之際，才得以完全發揮出來。

能否確實感受到這件事，我想這就是一個人是否富足的差別所在了。

自己來說有點不好意思，其實我花錢算是很慷慨的。只要看到自己有需要、自己真的很想得到的東西，或是某人收到肯定會很高興的東西，我都會非常捨得花錢。

錢花下去的瞬間，雖然心裡會想「我又花錢了！」不過在這之後，當自己獲得滿滿的充實感，或是看到對方收到禮物時的開心模樣，心裡就會感到很滿足，不禁想著：「有買下來真是太好了！」

所以，我敢打從心底十分肯定地說，縱使物質上的金錢數目或多或少有所減少，但自己因此所得到的東西，將遠大於這個數目。

●存錢要有目標，為用而存

當然，我絲毫沒有要否定存錢這件事的意思。更不用說比起戶頭零存款，有儲蓄當然比較好。

問題是出在儲蓄的方式。只會胡亂存錢，這就跟守財奴沒什麼兩樣了。

所謂的守財奴，是指對於存錢有異常執著，就像是「金錢暴徒」[2]這類的人。

就像我一再提起的，金錢的本質不在於儲蓄，而是在於使用。換言之，金錢如果不是為了使用而儲蓄，就無法成為活錢。

要存錢，就一定要有明確的目標。例如訂下「我想要買一個堅固耐用的包包」或是「我想要在今年實現去巴黎旅遊的計劃」等目標，讓可以清楚看見用途的儲蓄變成活錢。

近年來，有愈來愈多年輕人對於老後生活感到不安；明明還很年輕，就已經開始為養老存錢的，也大有人在。

我並不是要說零存款是好事，但是否能夠為老後生活帶來滿足，其實取決你從年輕的時候起，究竟是如何享受人生？假如光是用想的，你也想不起來自己有什麼可以讓內心獲得滿足的經驗或回憶，那這樣的人生實在很難稱得上是充實。

2 日文原文為「銭ゲバ」，出自日本漫畫家喬治秋山的同名漫畫，意指會為了錢而不擇手段的人。

與其增加存摺上的數字，不如儘可能多增加一些人生經驗。基本上，我深信這樣的想法必定能為你帶來豐富的人生。

21 對用錢的方式毫不遲疑

我本身稱不上是有錢人，但就像先前所說的，我對於打從心底渴望擁有的東西，或是想要去做的事，都很捨得花錢。

因為在與有錢人相互往來之際，我切身感受到把錢用來滿足心靈所需，是最有意義的用錢方式。

●有錢人只會買自己真心想要的東西

我常有機會跟在工作認識上的成功者，也就是那些有錢人們一起在銀座逛街。當他們購物時，我就算只是站在旁邊看，也會感到心情愉快。

有錢人買東西毫不遲疑、當機立斷，他們用錢的方式真的是既簡潔又有智慧。

「那是因為他們有錢，所以才花錢不手軟吧。」如果你這麼想，那就太錯特錯。他們不是因為有錢才很敢花，而是非常清楚知道自己想要什麼。也正因如此，有錢人對於不是自己真正需要、真正想要的東西，是不會多看一眼的。

以前的我曾經做過這樣的事。只要看到「大特價！」或「下殺○○折！」等字眼，就算不是真的需要那些東西，也會窮人心態作祟，情不自禁地買下來。或是一聽到哪裡有限時大拍賣，心裡就會湧現「現在不趕快去買就虧大了」的想法，急急忙忙跑去買。

這兩種行為模式的差別，不在於有沒有錢，而是在於你是否真的了解自己。

實際上，無論再怎麼便宜、划算，有錢人都不會花錢購買自己不需要的東西。他們只會以自己為出發點來妥善使用金錢。由於心裡的價值標準相當明確，自然就很清楚用錢的優先順序。

●衝動購物時需要的正向思考

另外，我還發現一件事。

富足的人偶爾也會因衝動購物而深感後悔。不過，他們在這時候並不會對自己花的錢抱持負面情緒，而是會快速轉換心情，用「我今天學到了一課」或「仔細想想，這或許也沒那麼糟，反倒是開了我的眼界呢！」等正向的話語勉勵自己。

曾經有位有錢人向我分享了他的經驗。

他愛買東西的程度已經到了可說是「以購物為樂」的境界，因此他衝動購物的等級也不同凡響，往往一時興起就買下超過百萬日圓的名牌皮衣之類的東西。而他之所以能夠成為有錢人的真本事，從他後續的反應就可以看得出來。

如果是我衝動買了超出自己能力可及的東西，肯定會拚命反省，情緒低落地心想：「唉，我闖禍了！」「下次得更加謹慎才行。」

但是，他卻不一樣。他是這樣想的：

「我要更努力打拚，讓事業成長到就算刷卡買下這些東西也不會感到在意的程度。」

完全就是正面積極的態度。

他認為既然都已經買了，不如就將這次的衝動購物轉化為督促自己向前邁進的動力。有錢人所抱持的心態，就是這麼正面積極。

自從看了身邊的有錢人們的用錢方式，我也開始調整自己的心態：看到自己真心想要的東西，要毫不遲疑地立刻下手購買；此外，如果錢已經花下去，就不要懊悔不已、發牢騷發個不停。

錢已經花下去才來反悔，尤其是最糟糕的行為。如果可以將自己的想法從「早知道就不買了」轉換成「我學到了一課」，用來提醒自己下次別再犯同樣的錯，這次所花的錢就會轉化為正向的活錢。

「賺錢不需要涵養，用錢卻需要涵養。」

這是解剖學家，同時也是著名隨筆作家的養老孟司曾說過的話。

誠如他所說，一個人的涵養從他用錢的方式即可一覽無遺。懂得用錢的人，能夠透過使用金錢來拓展自己的世界，豐富自己的人際關係，一步步邁向幸福。

請大家務必謹記在心：我們應當設立的目標，並不在於存款的數字，而是在於努力增加那些雖然無法實際看見，但卻能夠豐富自己人生的體驗。

22 很捨得為了自己花錢

我從有錢人身上學到的功課還有這項——積極地把錢用在自己身上。

他們明明看似早已成就非凡，但還是會撥出時間參加以商務菁英為對象的讀書會或專題演講。而我也有位朋友，就我看來他的英語已經說得相當流利，但現在還是每週都會撥出一個小時的空檔，聘請母語人士講師來加強自己的會話能力。

此外，也有不少人會聘請私人教練，認真鍛鍊身體；或是加入會員制的俱樂部，在一流的氛圍中享受社交和美酒。

這是因為他們知道只要把錢花在自己身上，就能提升自身的實力和人際關係；如此一來，自然有辦法躋身有錢人的世界。

●對自己的投資絕不會有損失

我所認識的一位成功者曾說過：「對自己的投資是絕對不會被背叛的。所以，我會竭盡所能地持續投資自己。」

請大家多投資自己一點吧。再多花點錢來磨練自己。例如，偶爾選擇不去平日常去的社區髮廊，而是改去位於原宿或表參道的高級美髮沙龍剪頭髮，這也算是自我投資的一種。

二〇一七年七月轉會至墨超球隊CF帕丘卡（C.F. Pachuca）的足球選手本田圭佑[3]，在效力義甲球隊AC米蘭（A.C. Milan）期間，曾以每個月兩次的頻率，聘請自己鍾意的髮型師從日本飛來幫他整理髮型。而這項理髮費用，包含商務艙機票等在內，一年竟得花費一千萬日圓以上（！）。

3 自二〇二〇年二月起，轉會至巴甲球隊博塔弗戈。

本田選手這樣的做法確實讓我有點吃驚，不過，他捨得花錢提升形象的行事作風，也讓我感受到了一股非凡的氣魄。

為了達成自我升級來認真拚輸贏，他竟然有辦法投資到此等地步，反倒應該對他表示敬意。

●經驗和回憶是無價之寶

從年輕的時候開始，我就不惜花錢來累積經驗。這並不是在指某信用卡公司的廣告臺詞：「具有金錢所買不到的價值……」而是我認為經驗和回憶是無價的，具有無法以金額來衡量的價值。

由於錢都拿來用掉了，我的存款自是不能說相當足夠，但是我一次也沒有為此反悔過。

累積經驗是需要看時機的。為了避免錯過時機，當機會來臨時，我總是不管三七二十一地就把錢花下去。

我有好幾位友人也跟我一樣，很看重無法以金錢換算的經驗和回憶，平時就很積極地在「儲蓄」人生經驗。無論是我還是他們，都從不認為自己貧窮。

因為我們深信：要感受到富足，不是只能靠錢才辦得到。

當然，在累積經驗和回憶的同時，我們並沒有期待這一切在將來有機會變成錢。不過，就結果而論，這些各式各樣的經驗的確是拓寬了我們的工作領域。

以我個人為例，我用在自己身上的錢，最後不但為我招來了工作，也招來了財富。

23 用錢的方式充滿愛

除了用在自己身上的金錢有價值外，最具有價值的錢，就是用在他人身上的錢。

用在他人身上的錢，是充滿愛的金錢。神奇的是，如果常把錢用在他人身上，因為金錢所導致的不好印象自然會逐漸減少。

所謂充滿愛的用錢方式，就像是孩子在媽媽生日時，用自己存下來的零用錢來買要送給媽媽的禮物；或者是夫妻在結婚紀念日時，彼此都用自己偷偷存下來的私房錢來買對方渴望得到的禮物等。

懷著對某人的思念購物的幸福感，我想每個人都曾體驗過吧。

雖說花了錢會讓自己荷包縮水，但是心中卻會充滿令人暖心、雀躍的喜樂。

心靈勵志書籍常說，這類幸福感會招來強運和財富。而這種深厚的幸福感，似乎真的具備提升運勢的效果，我已經聽說了不少在現實生活中帶來財富的例子。

●慈善事業是有錢人的終極目標

一提到充滿愛的金錢，就會讓我想起比爾·蓋茲（Bill Gates）的人生態度。

創設微軟（Microsoft）、成為電腦時代霸主的比爾·蓋茲，五十多歲自商場退休後，便與妻子聯名創立慈善基金會，並在之後全心投入援助全球遇上困難、急需幫助者的慈善活動。

他將自己所賺來的大筆財富投注於愛的活動。

即使成為全球首富，比爾．蓋茲在搭乘一般客機時，還是儘可能選擇搭乘經濟艙。這是因為就算坐頭等艙或商務艙，抵達目的地所需的時間都一樣，所以他認為坐頭等艙是一種浪費。

不僅如此，就連住宿的飯店，他也認為沒有必要選擇豪華套房，只要能夠安靜睡一覺，並有網路能使用就夠了。

為了愛，他很捨得花錢；但另一方面，他也不會把錢浪費在無謂的支出。

比爾．蓋茲這樣的原則，教導了我們如何把錢變成活錢的用錢方式。

●隨時隨地就能付諸行動的小型慈善事業

我們稍微縮小一下話題的範圍。我有一位朋友，去超商或超市買東西時，都會將找零的銅板投入收銀機前的捐款箱。

我很希望大家平常就能養成這種奉獻愛心的習慣。

由於日本的捐款文化還不夠普及，當遇到大地震或豪雨致災時，遽聞都很難募集到一般民眾的捐款。不過，如果大家平時就能養成捐出零錢的習慣，一旦碰到有災害發生，自然就會踴躍響應捐款。

另外，對於聯合國兒童基金會（UNICEF）所推動的救助全球貧困地區孩童等活動，我也希望大家可以給予更多的關心和支持。我們用愛心奉獻出去的金錢，能夠流通到社會上的各個角落，讓社會整體的金錢流動更為順暢。

而隨著金錢循環流動，這筆錢最後也會流回到自己身上。我想真正的財富，或許就是透過這種方式實現的。

第3章

有錢人的錢包和你的不一樣

要好好整頓「金錢重要的家」

24 有錢人對於錢包也有所堅持

當我認識愈多有錢人，我首先注意到了一件事：有錢人對於錢包都很有堅持。

他們不會有人從屁股的口袋抽出破舊的錢包，或是隨手從口袋中取出現金來。

有錢人會毫不做作卻動作優雅地從西裝胸前的口袋取出錢包，然後迅速抽出所需的鈔票；而且抽出的鈔票也絕不會是皺巴巴，或是邊角被摺得捲曲翹起的。這是因為他們把鈔票收進錢包裡時，也都很小心並整齊擺放。

反觀沒有那麼富裕的人，則是常以已經用得很順手為理由，漫不在乎地使用相當破舊的錢包。

不僅如此，因為把鈔票放進錢包時可能都是亂塞一通，從他們錢包裡取出的鈔票，老是摺得歪七扭八的，不懂得珍惜金錢的態度顯而易見。

不在乎鈔票是否皺巴巴的人，大概是抱著就算鈔票被摺得歪七扭八，金錢價值也不會改變的想法吧。

這倒也是。要是拿出一張皺巴巴的萬圓大鈔，我想收錢的人也不會說：「這張鈔票那麼髒，它只值九千日圓。」

然而，人是有感情的。拿出漂亮乾淨的鈔票，對方就會認為你是位好顧客，自然在待客上也會特別用心。

●從錢包一眼看出有錢人的特性

懂得珍惜金錢的人，對於用來收納金錢的錢包也會費心打點。他們會挑選有品味、品質好的錢包，好好愛惜使用。

連錢包也如此用心對待，這樣真心珍惜金錢的態度，能為自己招來財富，讓一個人一步步成為有錢人。

當我看了有錢人們的做法後，我能肯定地說：這樣的循環確實存在。

希望大家也能接受這個道理，換一個堅固耐用的錢包。藉由這般努力，你對金錢的態度將會有很大的改變。

而光只是這樣做，所帶來的結果就足以令人期待。

●錢包的格調教會了我們對待金錢的態度

十多年以來，我個人一直喜愛使用ＬＶ的長夾。我會這麼說，並不是在炫耀自己愛用高價的名牌錢包。

事實上，可能恰恰相反。

我在改用ＬＶ長夾之前很常換錢包，幾乎每年過年就習慣買個新的錢包。這是因為錢包用了一年後，邊緣都會變得黑黑的，看了很不舒服。

不過，自從我改用ＬＶ長夾後，只有在好幾年前才換了一次錢包。ＬＶ長夾不管用多久都能保持乾淨，令我十分滿意。

對我而言，ＬＶ這個品牌之昂貴，必須要有一定的魄力才買得下手，所以在使用上自然會格外小心。因為這樣，我在抽出鈔票時總會放輕動作；而在放入鈔票時，也會特別留意鈔票是否有擺放整齊，避免去摺到。

從這樣的經驗當中我感受到，是錢包的格調教會了我對待金錢的態度。

假如你老是認為自己的金錢運很差，不妨狠下心來換個自己有生以來最昂貴的錢包看看吧。

當你開始懂得愛惜錢包，自然而然就會懂得珍惜金錢。當你對待金錢的態度有了改變，你的金錢運勢必也會有所改變。

至少我個人是這麼相信的。

25 錢包不要放進錢以外的東西

打從以前開始，我就一直覺得很不可思議——我從來沒見過有錢人的錢包裡放進錢以外的東西。

●錢包瘦身有成的有錢人

只要有用到錢，應該就會有收據。購買小東西先不用說，只要是稍有一定程度的花費，收據最好都要保存一段時間。萬一碰到產品有瑕疵，想退換貨時，或是要報稅、報帳時，收據都是不可或缺的。

話雖如此，每次我看有錢人從錢包裡抽出鈔票時，都不曾發生過連同收據也一起被抽出來的情況。

究竟有錢人們是如何收納收據的呢？

他們可能不是放進錢包，而是放進公事包的內側口袋吧。在付完錢後，他們用周遭人們都無法察覺到的速度完成這個動作。

這真不虧是有智慧的做法，令人佩服。

●你的錢包是否被收據和卡片塞得鼓鼓的

另一方面，大多數人的錢包裡，除了錢之外總會塞滿其他東西。例如：收據、集點卡、會員卡……等。

我經常會在超市或車站商店的結帳櫃檯前，看到錢包塞得鼓鼓的、一直拿不出鈔票的人。因為鈔票已經被埋沒在收據堆中了。

像這樣的錢包，不僅會拖慢結帳的速度，造成他人的困擾，看起來也很狼狽。但願大家都能夠多留意幫自己的錢包瘦身。

26 每天整理錢包一次

我一心想要學習有錢人有智慧和品味的用錢態度，因而很努力維持不在錢包裡放入雜物的習慣。

●一回到家就先將錢包清空

上一章曾提過，公事包最好每天都要整理一次，其實錢包也是如此。

我會做的，就是回家後便將錢包完全清空、整理好收據，然後再把鈔票重新整齊放回去。就只是這樣而已。

我會先清空鈔票夾，同時取出收據整理。需要保存的收據，我會另外收納；用不到的收據，則是將當天份的收據用釘書機釘成一疊，放入平價商店買來的有扣資料夾收好。

另外，我每個月會再確認一次這個資料夾，基本上大部分的收據最後都會丟掉。

接著，就是清空零錢包，同時將細小的紙屑髒汙一併清除。我偶爾也會用沾濕的紙巾擦拭零錢包內側；至於外側，則是使用矽膠清潔布擦拭。

只要稍微隔一段時間沒清理，擦過的清潔布就會沾滿汙垢，由此可知錢包是相當容易弄髒的。

●集點卡只放使用頻率高的

集點卡是會讓錢包變得鼓鼓的「罪魁禍首」之一。

近年來，商店推行集點卡似乎已成了常態，只要被推薦就會辦一張，導致錢包變得愈來愈鼓。

我自己的原則是：如果這間店自己不常來買，或是每次購買的金額很小，就不會辦卡。

因為不常光顧的店，點數很容易放到過期；而購買金額小的店，在一年之內也很難累積到一定的點數。

我目前會帶在身上的集點卡只有兩張。一張是幾乎每天都會用的車站商店集點卡，另一張則是大概每三週會去剪髮或染髮一次的髮廊集點卡。

多虧有訂下這項原則，才讓我的錢包不會愈塞愈滿，能夠像有錢人般輕鬆取出鈔票付款。光只是這樣，就讓人出乎意料地擁有好心情，同時也因為帶給店家良好的印象而獲得滿足。

27 不要放太多張信用卡

跟集點卡一樣，錢包裡會塞進一堆信用卡的人也不在少數。

最近，像百貨公司或車站商店等稍有規模的商家，都會發行具備信用卡功能的聯名卡。每次去買個東西，就經常會碰到辦卡人員強力推銷。如果因為拗不過對方而辦了卡，錢包的卡位自然很快就會被插滿。

但是，我能很肯定地說，這樣的人事實上是跟財富無緣的。

●只帶兩到三張信用卡才是有智慧的做法

有錢人的錢包或卡夾通常只會放兩到三張的信用卡，取卡付款時就不怕得找老半天，的確是很有智慧的做法。

至於結合信用卡功能的聯名卡就更不用說，他們是連一張也不會辦的。看見他們如此有智慧的信用卡使用習慣，我開始了解到，持有愈多張聯名卡，反倒會讓自己離財富愈遠，所以原則上我是不會再辦聯名卡了。

所以，我目前會帶在身上的卡片，有兩張信用卡、兩張使用率高的百貨公司集點卡，以及兩張銀行的提款卡。

這共計六張的卡片，就整整齊齊地擺放在我的卡夾裡。

●欠缺實際用錢感受的刷卡付款

刷卡付款省時省力，不用帶著現金四處跑，確實方便又安全。

在歐美等地，哪怕只是買一杯咖啡，用刷卡付款的人也占壓倒性多數。歐美之所以會成為徹頭徹尾的刷卡社會，誠如眾所皆知，治安問題是主要因素。

再者，信用卡的發行也需要一定程度的資格審查。因此，遽聞信用卡也可以算是一種身分證明，如果都用現金付款，反倒可能代表個人信用不好。

話雖如此，日本的治安並沒有差到這種地步，所以平日購物時，我原則上還是從錢包裡拿出現金付款。

要是連在超市和百貨地下街的購物都用刷卡付款，很容易就會搞不清楚自己到底花了多少錢。

像我每個月都會先規劃好如何運用生活費，並不希望自己一再刷卡付款，以致於搞不清楚當月的花費，直到收到帳單才驚慌失措。

●「刷卡購物」的陷阱

使用刷卡付款，因為不用當場付錢出去，即使自己手頭不寬裕，也會暗自心想：「那就先刷卡好了。」

其實我就是這類典型的人。衝動購物時，總是會告訴自己：「那就先刷卡好了，反正也不是現在就要付錢。」

如果是在正巧看到自己真正有需要，或真的很想要的東西，但手頭卻不夠寬裕的情況下，能夠延後付款的信用卡的確是很好用。

不過，自己對於買東西的總預算有沒有概念，那就是重點所在了。因為現在是「濫發信用卡的時代」，為了避免自己過度倚賴信用卡，該節制的地方還是要節制，克制好自己一不小心就會失控的欲望。

我之所以會主張小額支出不要刷卡，還有其他原因。那就是用刷卡付款，店家也得支付些許手續費。

雖說我很早就知道這件事，但是並沒有考慮太多。直到有一天，看到某位成就非凡的有錢作家用現金付款，並說：「這種小錢，我不好意思讓店家負擔手續費。」我這才感到十分羞愧。

原來有金錢運的人，也懂得顧及店家的荷包啊。我不禁深深反省起自己的態度。

28 積極使用簽帳金融卡

近年來，愈來愈常看到鼓勵大家辦張簽帳金融卡的廣告。

所謂的簽帳金融卡，是指在使用的當下，就會直接從你的帳戶扣款的卡片，日本大約是在二〇〇〇年左右引進的。

因為我個人很贊同金融卡的支付方式，日本剛引進時就立刻辦了一張。只不過，當時有加入這種支付方式的店家還不夠普及，要找到可以使用簽帳金融卡的商店實在是難上加難。所以，久而久之就很少使用了。直到兩三年前出國旅遊時，才發現原來海外有不少店家都可以使用簽帳金融卡付款。

如今在歐美等地，簽帳金融卡的發行量已經和信用卡的發行量不相上下；而在日本國內，有辦簽帳金融卡的人數卻還不到總人口數的百分之十。

●購物當下就會扣款，絕不會發生超刷的情形

誠如上述，由於使用簽帳金融卡購物，會立刻從你的帳戶扣款，因此刷

卡單上頭就會載明當下的帳戶餘額。想當然耳，這樣的運作模式不可能讓你超刷，自然也就不會發生把卡刷爆，事後收到帳單才不知所措的情形。

再者，刷卡付款必須等店家向銀行請款後才會入帳，隨著店家請款時間的不同，入帳日和消費日就會有落差，而這個落差有時可能會累積成令人意想不到的高額應繳金額。

像我在國外旅遊的消費等，往往都會晚好幾天才入帳，總是讓我有好像一次付掉兩個月份花費的感受。雖說這分明是自己花掉的錢，但我還是常覺得這樣很沒有道理。

不過，如果是使用簽帳金融卡，自然就不用操這個心了。

●簽帳金融卡不需要繳年費

另外，辦簽帳金融卡也不需要繳年費，只要出示卡片，然後輸入密碼即可。因為不像信用卡那樣還要簽名（最近有些信用卡也開始改用輸入密碼的方式），真的省事很多。

不僅如此，日本現在也開始有意提高簽帳金融卡的普及率，銀行推卡競爭激烈，辦卡送各項好禮的活動處處可見。

即使這類優惠活動可能只會在激烈的推卡競爭中才看得到，但我認為將來在日本，使用簽帳金融卡的人數還是有機會急速增加。

因為使用的當下，就可以知道自己帳戶的餘額，自然就不會過度花錢。長期下來，我想用錢習慣應該也會有所改進。

甚至還有助於自己熟悉信用卡的使用。

例如某銀行的信用卡，每刷一千日圓即可獲得紅利五點，消費金額每兩百日圓則可累積日本航空（ＪＡＬ）的哩程數一哩；另外，若刷卡購買日航集團的機票，哩程數還可以加倍累計。像這樣，自己也會懂得去善用信用卡的各項優惠。

29 鈔票要按金額大小整齊擺放

你錢包裡的鈔票是如何擺放的呢？

鈔票擺放的方式，在有錢人和一般人之間，可以看出明顯的不同。

●鈔票的擺放是人頭朝上？還是人頭朝下？

有錢人的鈔票都會擺得整整齊齊，絕不會讓人頭有的朝上、有的朝下。當然，五千圓鈔和千圓鈔的擺法也是一樣。

至於從提款機提領出來的鈔票，有時可能會碰到鈔票正反面交錯擺放的情形，把錢放進錢包時得特別留意一下。遽聞這是因為有些提款機的鈔票放置，每當鈔票堆疊達到一定的金額就會反過來放。

所以，提領出來的鈔票，最好先稍微檢查一下，把鈔票按人頭方向擺好再放進錢包裡。另外購物時，拿到店家所給的找零鈔票也是一樣，放進錢包之前就要先按人頭方向整理好。

這些動作或許看似有點麻煩，但是只要養成習慣，大概只要花個一兩秒就可以搞定。

而這樣一個小小的習慣，不只可以讓錢包裡的鈔票擺得整整齊齊，當你取出鈔票時，心情也會不由自主地變好。

●鈔票擺放的方向和疊法，按照自己的原則就好

說到鈔票擺放的方向，有人認為人頭要朝下比較好，也有人認為人頭要朝上才對。

因為我個人不大習慣將人像顛倒擺放，所以是屬於人頭朝上派的。不過，某位有錢人卻告訴我說：「人頭朝上的擺法，感覺很容易讓錢溜走，所以一定要以人頭朝下的方式來擺放才行。」

他的說法令我十分在意，於是又試著去請教其他人的看法。結果，有另一個人表示：「我喜歡人頭朝上。因為如果把鈔票的人像顛倒擺放，感覺鈔票的能量就會流失掉，導致很難累積財富。」

這裡並不要找出哪種說法才是正確的，只要你抱有自己的原則和想法，照這樣來整理鈔票，有條理地擺放整齊就好。

而我自己本身的原則就是人頭朝上的擺法。

同理，鈔票金額的疊法也是如此。有人習慣從大鈔依序疊起，也有人主張要從小鈔依序疊起。

順道一提，我是屬於後者。我會這麼做並沒有什麼特別的理由。如果真要說個理由，那就是當我發現大鈔被找開時，便知道差不多該去提款機提款，補充現金了。

無論如何，鈔票擺放的方向和疊法都要有自己的想法和堅持，絕不可馬虎行事。

對待鈔票就是要做到這般地步。

因為這樣的堅持，也可說是你有謹慎、用心對待金錢的體現。

30 付款時要心存感謝，恭敬地遞出錢

明明收銀機前就擺著一只收現金用的錢盤，卻還是有人會把從錢包裡取出的現金直接擺在櫃檯上，或是直接交給收銀人員。

這樣的態度不只是對收銀人員很失禮，對金錢其實也很失禮。

●對金錢也要抱持恭敬的心

結帳付款時，你是否會對金錢抱持恭敬的心呢？

有錢人在付款的時候，會心存恭敬的從錢包裡取出鈔票，按金額大小疊好放進錢盤。如果有銅板，也會按金額大小依序排列在鈔票上頭，方便收銀人員點算。

這般做法除了看起來很體面外，更顯示出他們對收銀人員的體貼。

另一方面，只是隨意把錢扔在櫃檯上的也大有人在。只見大小鈔參雜在一起，對待金錢的態度看起來就很隨便。

甚至還有人連鈔票的皺褶也不拉平，就直接扔在櫃檯上。

我並不會說金錢是有心的，但不可否認的是，從你對待金錢的方式就可以清楚看出你這個人的品性。

心存恭敬的遞出錢，我認為這個動作所表現出來的，不只是對收銀人員和金錢的尊敬，同時也是對自己的敬意。

●對收銀人員的貼心舉止

以多張鈔票付款時，請記得將鈔票按同個方向疊好，讓收銀人員從他們的方向來看，鈔票的人頭是朝上的。

至於大小鈔的疊法，我是習慣將大鈔擺在最下面，然後按金額大小依序疊上小鈔。

另外，銅板的部分，無論是放在鈔票上頭，或是放進錢盤裡；又或是直接放進收銀人員的手中，都要確實擺好，避免灑落一地。

如果是放進錢盤裡，就將銅板按金額大小依序排列在鈔票上，方便收銀人員點算。

像這樣，大家不要忘了這些細微的貼心舉止。因為懂得體貼別人的人，財富也絕不會離他而去。

31 在心裡跟付出去的錢「打聲招呼」

我曾經見過某位有錢人在結帳時，總會用手指輕輕碰一碰放在錢盤裡的鈔票，基於好奇心，我便忍不住向他問了這麼做的原因。

結果，對方回了我一個意想不到的答案：「我是在跟金錢道謝啊。」據他表示，每次要付錢，跟金錢「告別」時，他一定都會向金錢說聲謝謝。

●為何有錢人會跟金錢道謝？

當錢還待在錢包裡的這段時間，會讓我們有滿心的富足感。

而當我們付出金錢時，取而代之的，是能夠讓我們與自己最喜歡的東西或美食相遇。所以，在鬆手放開金錢的那一刻，他都會輕觸著錢，打從心底獻上感謝。

這些話是那位會跟金錢道謝的有錢人告訴我的。

如果能像這樣在平時就懂得對金錢心存感謝，應該就能減少自己對金錢的焦慮感，例如不會再說出「這次領的薪水怎麼這麼少啊，虧我每天都加班到很晚才回家」或「最近為什麼老是一直在花錢」等怨言，而同時也不會再湧現出認為「人活著就是要受盡金錢折磨」的負面情緒。

只要抱有一顆會跟金錢道謝、既溫柔又親切的心，就算碰到錢不夠用的情形，我想肯定也能夠以苦盡甘來的柔軟思考來度過難關才是。

●再次問問自己「這次花的錢真的值得嗎？」

結帳時用手指輕觸鈔票的動作，其實也包含著再次問問自己「這次花的錢真的值得嗎？」的意義在內。

當自己衝動購物時，一來到結帳的階段，有時會在瞬間突然感到一絲遲疑。

一般而言，因為都已經把東西拿在手上要結帳了，大多數的人還是會照樣付錢。不過，如果還來得及的話，不妨向收銀人員說聲：「對不起，請再讓我多考慮一下。」讓自己有時間冷靜一下，好好想清楚。

●跟錢說話的另一個理由

另外，也有人在結帳時並不是跟錢道謝，而是在心裡說聲「請慢走！」至於收到錢時，則是會跟錢說聲「歡迎回來！」

據當事人表示，當他養成這個習慣後，漸漸發現到自己有時候很難用開心的語氣對錢說「請慢走！」

而這種情況幾乎都是發生在他亂花錢的時候。例如，買了自己沒有很需要的東西，或是衝動買了不太確定自己是否真的很想要的東西時。

只要養成在心裡跟錢打聲招呼的習慣，便能根據自己當下的心情，有效阻止衝動購物。

像這樣，有錢人們為了避免自己亂花錢，總是會設想各樣的對策來鞭策自己。

32 不要瞧不起與金錢相關的迷信或信念

對著錢說「請慢走！」「歡迎回來！」我想有很多人會認為這種習慣是很可笑的。

覺得可笑的人多半認為錢的實體只不過是紙張和金屬，說什麼人的心意也可以傳達給錢，簡直是無稽之談，一點也不科學。如果真是這麼想，那就到此為止了。

我認為人只要有心，在與物品的關係之中，尤其是在與生活不可或缺的金錢的關係之中，最好要學習重視自己內心的聲音。

●我過世的母親生前所重視的事

家母已在數年前往生，她生前是個極為理性，甚至冷靜到看似有點冷酷的人。

話雖如此，這樣的她卻出乎意料地，相當重視從以前所流傳下來的迷信和信念。

例如，她會將草鞋吊飾掛在錢包上，或是在錢包裡放入一只如豆子般大小的青蛙偶飾。遽聞草鞋象徵「錢財」，青蛙則會讓人聯想到「錢歸來」。

去神社參拜時，她也經常會購買御守，並且根據各人的需求認真挑選，給即將要考試的孫子購買「學業成就」御守，給有房屋貸款的孩子購買「金運守」御守。

●與金錢相關的傳說和招財小物的效用？

至今為止，因為工作採訪的關係，我有很多機會進出總經理辦公室。大部分的總經理辦公室都會擺放一些招財小物，其中又以竹耙裝飾最為常見。

竹耙護符是起源自網羅福氣和錢財之意，後來演變成會利用金幣和多福面具等來裝飾竹耙，使其看起來更為華麗；更有甚者，竹耙裝飾每年要愈換愈大支，祈求買賣或事業興隆，年年高昇。

所以說，這群平時都盯著電腦或手機看，冷靜進行市場分析的能人們，也是會有這樣的一面。

無論是誰，內心都希望財富能夠滾滾而來，而總經理辦公室的竹耙裝飾所透露出的正是他們真正的心願。你不妨在心中抱持著這樣的信念：相信自己的心願必定會上達天聽，然後在不知不覺中為自己招來財富。我就是如此相信。

因此，在我的零錢包裡自是放著一隻家母送給我的、如豆子般大小的青蛙陶偶。

第4章

有錢人銘記在心的小習慣

什麼樣的疏忽讓你總是荷包空空？

33 絕不允許自己遲到

我個人最討厭的，就是對小遲到一點也不在乎的人。

這是我從與多位成功者的往來中所學到的觀念。老實說，在這群成功者中，從來沒有一個人遲到過。

當然，他們都是超級大忙人，還是會因為上個會議超時或碰到塞車，以致趕不上約定好的時間。不過，在這種情況下，他們都會一再與我聯繫，次數甚至頻繁到讓我覺得很過意不去。

例如，住在北海道的D先生，要是碰到飛機因為積雪而誤點的情形，從他捎來「我現在從北海道起飛了」這通訊息開始，每隔一段時間就會跟我聯繫：「我剛到羽田機場，會馬上趕過去。」「我已經坐上計程車了，現在剛過新橋，應該再五分鐘就會到了。」簡直就像是在實況轉播一樣。

●時間是「生命的脈搏」

當我跟D先生說不用這麼頻繁聯絡也沒關係時，他告訴我：

「時間只會不斷流逝，完全無法重頭來過。而遲到不只是在浪費自己的時間，也是在浪費對方的時間，罪孽是很重的。」

我和D先生一樣，也認為「時間是生命的脈搏」，所以遲到無疑等同於剝削生命。

然而近年來，有愈來愈多的人認為遲到個五分鐘或十分鐘並沒有什麼大不了的，甚至自己一整個大遲到，卻還會理直氣壯地辯解：「我已經有先傳訊說會遲到一下下了，這就不算有遲到吧。」

就算已經事先聯繫，只要沒有趕上約定好的時間，這就是「遲到」。大家應該都要有這樣的自覺。

●讓自己絕不會遲到的三大對策

「連約定好的時間都無法確實遵守的人，不值得信賴。」

身處在商務社會中，最好牢牢記住這項嚴苛的評價標準。

另外，自己也要知道遲到是會成習慣的。會遲到的人，無論再怎麼提高警覺，最後還是會遲到。

如果你已經注意到自己會習慣性遲到，不妨試著採取以下三個行動。

- **移動的時間多抓三至五成的時間。**
- **前一天就先打理好隔天需要使用的東西和服裝。**
- **文件類等尤其需要仔細檢查，並且事先準備好可能會使用到的圖表或照片等補充資料。**

除此之外，常會小遲到的人，也要特別留意自己在必須做決定時總是無法做決定的散漫性格。

●習慣性遲到和存不了錢事出同因

像這樣的人，因為在其他方面也都非常散漫，用錢的態度自然是如出一轍。即使一開始就有先規劃好每個月的預算，但這份預算規劃在生活中卻顯得無關緊要。雖然並不是把錢全都花在購買自己想要的東西上，不過就像砂子從口袋溢出般，一次一點地買了不少東西。

假使你原本走進超商只是為了買週刊雜誌，結果卻連正好看到的新上市零食也一起買下，那就要特別留意了。

因為在用錢習慣和時間安排上都不夠謹慎，對於才值兩三百日圓的東西完全沒有「自己花錢買了沒那麼需要的東西」的自覺，很容易就買下手。

老是存不了錢的人，不妨試著自我檢視一下，自己是否有點鬆懈了？若能時常督促自己，相信不只是遲到次數會漸漸減少，存款也會開始慢慢變多的。

34 送他人「時間」當禮物

在多位成功者當中，我有一位朋友感受力超群。

他的本業是活躍於國際舞臺的法律職業者，同時也有在寫隨筆，並且會在隨筆中分享自己年輕時在海外留學所養成的時尚生活方式。

即使說是「時尚」，但也不是穿著時髦的那種時尚。他以博學的豐富知性和長年接觸一流藝術所造就出的感性為基礎，自然而然地展現出一般人不大會想到的行為舉止。

●贈送金錢買不到的禮物

例如，在工作上認識的知心好友即將過生日。

我想無論是誰，都會想幫好友慶生。

一般而言，對方若是男性，多半會挑選名片夾或高級原子筆等小用品，並請店家協助送禮。如果是女性，可能就會贈送如披巾、圍巾等服飾配件或花束吧。

但是，我這位朋友卻有截然不同的想法。他所贈送的，是金錢買不到的禮物，也就是「時間」。就算是送東西，他也一定會跟對方一起喝個茶或吃個飯，共度一段悠閒的時光。

●時間就是最好的禮物

有一次，他也是這樣幫我慶生。我告訴他：「你這麼忙還特地幫我慶生，實在讓我覺得很過意不去。」結果，他這樣回答我：

「的確，說忙是真的很忙。不過，我已經決定要贈送我人生最寶貴的事物給我所珍惜的人。時間是無法從頭再來的，贈送時間給朋友，我自己也能獲得無可比擬的滿足。」

我對於他的說法深感認同，沒有什麼是比贈送時間更好的禮物了。

大家可以想想待在老家的媽媽。因為一時的想念，所以就匆匆搭上夜間巴士，也沒來得及購買一些伴手禮，就這樣空手返鄉。但是，我相信媽媽必定會這麼說：

「沒帶伴手禮回來那又有什麼關係，你能夠回來讓我們看看，就是最好的禮物了。」

大家覺得如何？下次媽媽生日時，不妨回鄉一趟，陪媽媽一起吃飯、聊聊天吧。如果可以帶媽媽去住宿泡溫泉，那就更棒了。

「時間就是最好的禮物。」我想贈送時間的人本身也會永難忘懷。

35 敞開心房，盡情交談

我剛開始採訪經營者和成功者時，每到採訪當天總會覺得心情特別沉重。因為我本身是個在社會上沒什麼影響力的存在，有點擔心受訪者是否真的願意敞開心房跟我談話。

不過，這樣的不安很快就煙消雲散。受訪的每位成功者都十分開懷暢談。他們不會說些賣弄小聰明的話，也不會含糊其辭，無論聊什麼都很坦率地與我分享。

●「坦率、自然」就是最好的回應

由於我所採訪的對象大多是企業經營者，自然很容易會觸及不可洩漏的企業機密。

即使如此，受訪者也會在允許的範圍內儘可能地向我說明清楚。

當談論到企業機密相關話題時，他們會以極為誠懇的態度，明確告知可以公開和不可公開的部分。

當然，負責採訪和撰稿的我，也很清楚明白可以寫和不可以寫的準則，並謹慎待之。

所以，最後刊登出來的文章，或許表面上看來沒有寫得很深入；但事實上在採訪的過程中，雙方都是敞開心房盡情交談的。

我認為雙方若無法對彼此坦率直言，這樣就很難建立起信賴關係，工作自然不會有好的進展。

●自己要先敞開心房，對方才會對你敞開心房

人生是否美滿，關鍵就在於人際關係。而人際關係的好壞，又跟你能否坦然敞開心房有很大的關聯性。

只要我們率先敞開心房，對方自然也會敞開心房。

願意敞開心房的人，會深受眾人的喜愛和信賴，工作就容易順利進行。

如此一來，財富必然就會聚集而來。

自己先敞開心房，對於平時與人的往來也很重要。

例如近年來，搬家後不跟鄰居打聲招呼的人似乎愈來愈多。如果是住在公寓，就只透過管理員來進行必要溝通。因為這麼做比較不會引起無謂的麻煩——這是認為沒有必要去打招呼的人常用的藉口。

●比起金錢，多彩的人際關係更能豐富我們的人生

人際關係的確有它令人煩心之處，但是人與人之間的往來，也會讓我們感受到勝過煩心的溫暖和溫柔。如果少了這些情感，人生的滋味和喜樂勢必就會減半。

友情和同事之間的交心、愛情、夫妻感情和家庭的愛。大家不妨想像一下少了這些情感的人生。

試著回想一下自己與現在另一半、夥伴或好友們初次見面的情境。想必是有人率先敞開心房搭話，對方也跟著敞開心房回應，而在那一瞬間，無可取代的人際關係就此萌生了吧。

今天或許也會有新的邂逅。請坦然地敞開心房，展露自我吧。

另一場能夠成為人生寶貴財富的人際關係，就等著你去經營。

36 時常保持情緒穩定

我在工作上認識的有錢人，其中有不少人後來都跟我變成了朋友。雖說在言談間，我偶爾會對他們開開玩笑，但有時一不小心就會說過火。

然而，像他們這群事業有成、財富自由且超然享受人生的朋友，卻不會因為這樣而情緒化，甚而發怒。

反觀很多人只要事情進行不順利，就會變得焦躁不安；為了在當下隱藏油然而生的羞愧，結果卻讓自己的情緒更加不穩定。

●保持好心情是大人應有的禮節

有人說，隨時保持好心情，是現代大人應有的禮節。

因為一點小事就發脾氣、無法控制自己情緒的人，稱不上是可以獨當一面的大人。更何況在工作上如果情緒起伏過大，也會影響到進行判斷和下達指令，導致錯誤連連。

K先生是我很尊敬的人之一，他無時無刻都保持好心情。我不曾見過他那張總是笑盈盈的臉垮下來過。

而且像他這種大忙人，勢必也會有深感疲憊的時候，但他也不曾將自己的疲憊顯露在臉上。

●用空拍機的角度來俯瞰自己

有次，我下定決心向K先生請教保持好心情的祕訣。他回答我：

「其實我也只是個平凡人，有時也會因怒氣未消或是感到疲憊而心情低落。

「在那個當下，我通常會試著從高空來俯瞰自己，就像空拍機從高空拍攝一樣。結果，我發現那個心情鬱悶的自己，簡直就像是自己平時最討厭、最看不起的那個人。

「一察覺到這一點，我隨即告訴自己這樣是不行的，接著就會有一股動力湧上心頭，促使我轉換心情。」

原來如此，當自己感到心情低落或焦躁不安時，只要拋開自我，用他人的視角來看自己就行了。

●瞬間轉換心情的方法

如果你覺得從客觀的角度來看自己並不容易，還有另一個更簡單的方法。那就是當你感到煩躁時，只要稍微讓自己離開現況就可以了。例如，試著從一數到十，或是在心裡哼唱一小段自己很喜歡的歌曲等。

人類其實意外地單純，只要這麼做，就會覺得「咦，我剛剛是在生什麼氣啊？」甚至連讓自己生氣的原因也都忘了，心中的煩躁和怒氣就更不用說，早就被拋到九霄雲外去。

過去的我，情緒化之頻繁連我自己也深感意外，只要情緒一上來就不可收拾。好幾次都因為無法抑制自己的情緒而壞了寶貴的交情。

後來我開始反省自己不能再這樣下去，於是有人告訴我：「當情緒湧上來的時候，你就馬上做腹式呼吸。」

多虧了這個建議，讓我可以開始慢慢控制自己的情緒，連帶著工作上的交情也得以維持長長久久。

凡事堅持到底，成功就是屬於你的。這對工作而言也是至理名言。只要持續工作下去，你跟財富的緣分必然就不會中斷。

情緒穩定、情感溫和，總是保持好心情的人，就結果而論，也會為自己帶來好財運。這樣的關係應該確實能夠成立。

●「忘記」是最棒的情緒穩定法

「忘記」是驅逐不愉快的最好方法。

總是保持好心情的K先生也這麼說：

「我會把不好的事統統忘掉。哪怕是有人對我說了很過分的話……不，尤其是這種時候，更應該早點把它給忘了。

「全部忘得一乾二淨。只要全面清除乾淨，就等同於你一開始沒有聽到那些過分的話了。」

或許是從小一再被教導「這個要背起來」「那個一定要牢牢記住才行」的緣故吧，我們總以為「忘記」是不好的、負面的。

不過，「忘記」其實是能夠讓我們好好活下去的方法之一。

有句禪語說：「放下著。」意指「你要捨棄」、「你要忘卻」。

就讓我們好好的忘記吧。這正是能讓內心平靜，進而讓我們隨時保持好心情的祕訣。

37 用字遣詞既得體又漂亮

「慘啦！」「難死了」「真的假的？」……走在街頭，耳邊不時會聽到這些用語。

雖說語言是隨著時代在改變的，不過最近年輕人用語的變化之快，像我這種大叔連追都很難追得上。

另外，在此也希望大家能夠了解，這樣的用語頂多也只能用在朋友之間的直白對話。

●成功者說話得體又不失禮

但實際上，有許多人都不懂得看場合來調整自己的用字遣詞。例如，與客戶會談時，還是有人會毫不在乎地用跟朋友聊天的直白口吻談話，讓旁人聽得心驚膽跳。

我認為言語能夠表現出一個人的價值。那些我所認識，在社會上取得莫大成就的成功者們，不分年齡，每個人的談吐都非常地文雅得體。

例如，最近和我一起工作的T先生雖然年僅三十一歲，但創業資歷已經有四年，年收入高達四億日圓。他從高中時期就把「賺錢」當作自己的嗜好，二十多歲時，便為將來財富自由的人生擬好計劃，打定基礎並加以實現。

我對T先生的第一印象是：想不到在這個時代，還有人說話能這樣既得體又漂亮，而且還不是只裝裝樣子。因為無論談話再怎麼活絡與熱烈，他的用字遣詞都不會失態。

我想這便是他能夠將言語運用自如的最佳證明。

●用字遣詞過度拘謹反而給人不好的印象

所謂得體又漂亮的言語，並不等同於過度禮貌的用字遣詞。在服務業或銷售員之中，的確有些人用字遣詞過度禮貌到彷彿舌頭快要打結，但是這種說話方式如果不懂得看場合使用，反而會給人不好的印象。因為會讓人覺得太過拘泥於形式，感受不到真心誠意。

就算與上司或客戶談話時會好好留意自己的用字遣詞，對待部屬卻是以「上對下」的高傲口吻，或是對待店裡服務人員語氣粗魯無禮，那就表示這個人的本性只到這般程度，反倒會被人瞧不起。

我並不是說直白的說話方式很不好，只要懂得看場合來使用，很多時候也有助於拉近彼此的距離，激發談話興致。

不過，要是說話一直都很直白隨便，在必要之時就會不知道該如何使用禮貌的用語。因此，平時與祖父母等長輩交談時，若能養成禮貌說話的習慣，自然就會對用字遣詞保有一定的靈敏度。

總而言之，如果你看重自己的人品，平時就要養成以正確得體的用字遣詞說話的習慣。

不能只想著「如果遇到這種場合，我一定會留意自己的用字遣詞！」因為當談話愈來愈熱絡，很容易就會露出本性。這就是言語的特性，請大家務必謹記在心。

38 交換名片後，在當天寄封感謝信

這是我所認識的成功者們有不少人實際會做的事。

明明大家都是大忙人，卻無不異口同聲地表示：「所有的一切都是從人際關係，也就是人與人之間的緣分開始的。」並且在現實生活中徹底實踐這句話。

因為他們真的非常重視人與人之間的緣分。

●賺錢雖然忙碌，卻不會以此當作藉口

「跟對方交換名片後，不管有什麼事，我當天之內一定會寫封感謝信給對方。」說出這句話的是某位大學教授。他時常上電視、經常出書，甚至還得如趕場般地應付一場又一場的演講。

先不說他究竟有哪來的時間可以寫信，看他忙碌成這樣，反而會讓人擔心他有沒有好好吃飯和睡覺。

不只是對初次見面的人這樣做，就算跟對方有長年交情，我也一定會在採訪的前一天寄封「明天請多多指教」的招呼信過去。

對自己周遭人們的用心和關懷，不能只用半調子心態來應付。

●逢年過節送禮不流於形式

另外，這名教授的中元和歲末送禮也很令人讚賞。

我年輕的時候，總認為中元和歲末的送禮只要去百貨公司隨便挑個禮盒就好。這只不過是做做樣子的應酬，是前人所留下來的毫無意義的習俗。

但是，後來在與多位成功者們，尤其是與這名教授相互送禮的過程中，我改變了自己的想法。

這名教授每年都會從不同地方挑選只有當地人才會知道的隱藏版名產來送禮。例如，當他受邀去其他縣市演講時，如果在當地看到什麼名產，就會從中挑選適合送禮的品項。

另外，從收穫期來看，雖然是中元和歲末時節，名產也不僅限於夏季和年末採收的作物。就像他去年所贈送的栗子，雖然是連網站都沒有的小型栗園所生產，其美味程度卻讓人不禁懷疑起自己之前吃過的栗子，真的能稱作是栗子嗎？

●為了建立良好人際關係而無微不至的有錢人

如此無微不至的用心，當然不是只針對我而已，有錢人對待每位相識的人都是如此。

或許是這般用心所帶來的成果，我所認識的有錢人們各個都交遊廣闊，朋友眾多。

這是因為他們培養出了能夠與這麼多人交際往來的寶貴能力。而這項能力自然就會為他們帶來有形或無形的成果。在與這群有錢人接觸的過程中，我也漸漸明白他們之所以能成為有錢人，全都是他們平時就懂得用心經營人際關係，珍惜身邊每個人所帶來的成果。

39 不要捨不得花錢買書

書籍的銷量愈來愈低。已經有很長一段時間，書籍的銷售業績直直落，擋都擋不住。

最近的調查指出，「閱讀時間等於零」，也就是說幾乎沒在看書的大學生竟有半數之多。

以我從事書籍相關工作的立場來看，這實在令人不勝唏噓。而教人更加感嘆的是，書籍銷量不佳，等同於民眾對追求知識愈來愈沒有動力。

●不閱讀就無法提升自我

現在是網路的時代。就算不看書也有辦法從網路上取得所需的資訊。抱持這種想法的人肯定不在少數。但如果從書籍的製作流程看來，書籍和網路的資訊品質可謂天差地別。

如果想馬上知道現在正在發生的事，像這種需要即時性的場合，網路是最厲害的。例如，棒球或足球等比賽過程的轉播，就連體育報也望塵莫及。

不過，若是觸及賽事的分析，就現況而言，網路還是比不過報章媒體。而書籍又凌駕於報章之上。書籍所能提供的不只是資訊，從過去的發展到現狀的分析，甚至是未來的預測都有詳細的描述。只要快速翻閱一遍，除了能吸收知識外，還能磨練你的分析能力和思考能力。

無論再怎麼積極參與活動，單靠自己所能體驗到的事物是有限的。因為我們只有一副軀體，一天的時間也只有二十四小時。

但如果是透過閱讀，就能夠共享作者的體驗和思考，進而學到新的知識和價值觀，讓自己的世界變得更加寬廣。

這樣嶄新的視野，勢必有助於我們將生活方式變得更有意義。就結果而論，我想應該會有不少人因此找到比賺錢更加可靠的人生道路。

●年收入高的人都有良好閱讀習慣

事實上，也有調查結果顯示，年收入高的人比較積極閱讀。根據《日本經濟新聞》的調查，即使是在大眾與書籍脫節的時代，年收入超過八百萬日圓者的閱讀量仍有所增加。另一方面，年收入不滿八百萬日圓者的閱讀量則是大幅減少。

年收入高的人大多擅長邏輯思考，這是因為閱讀具有強化邏輯思考的效果。

除此之外，閱讀也可以讓我們獲得提升技能的資訊，或是邁向成功的訣竅。

再者，由於閱讀會刺激我們對知識的好奇心，進而促使我們積極去吸收書本以外的資訊，加速擴展我們身而為人的器量，連帶提升我們的人格特質。

而其結果必然會為我們帶來高收入。所以說，買書不外乎就是一種自我投資。

在此鼓勵大家每週去逛一次書店，每個月購買五至十本的書籍。只要看上眼，就請當場買下。因為書籍同樣也會有「一生僅有一次的相會」。

我想可能會有很多人反應「這麼多書根本讀不完」。話雖如此，就算只是將書籍快速翻過一遍，你也能夠知道它大概的內容。

假如你能夠在這當中找到一至兩本自己有興趣好好閱讀的書籍，那你就「發大財」了。

40 不要讓手機控制自己的生活

誠如在第一章也曾提過的，我們是否總是被手機控制了生活？

無論是洽談還是採訪途中，甚至是在會議上，很多人會大剌剌地把手機擺在桌上；只要鈴聲一響起，就不管三七二十一地先拿起手機。另外，也很常看見有人會拿著手機在桌子底下東按西按，看似在回覆ＬＩＮＥ訊息。

當手機有來電時，雖然大多數人還知道要說一聲：「不好意思，我出去接個電話。」但到底為什麼大家會認為「在工作中接私人電話是理所當然的事」呢？

當然有時也可能是發生緊急情況，不過就我長年以來的經驗，緊急情況並不會一直發生。

●手機優先是一種成癮症

在工作中就是這個樣子，當回到私人生活中時，我們更是手機不離手。

美國的新聞曾報導一則在浴室泡澡時滑手機，結果觸電身亡的案例。遽聞這個案例是邊滑手機，邊用浴室的插座幫手機充電。

死者是一位十四歲少女。她的逝去固然令人心痛，但真的有必要連洗澡時也要滑手機嗎？

近年來，手機已經進化到不再只是單純的通訊工具，諸如洽談等工作，只要透過一支手機就可以搞定的人也愈來愈多。因為從所需的數據到行程表等資料，統統都可以存在手機上。

不過，就算是用手機工作，當鈴聲一響起就馬上接起電話的習慣，我還是認為有待商榷。

無論什麼時候都不能沒有手機，總是以手機為第一優先考量的思維，也可說是一種成癮症，讓手機控制了我們的生活。

說到底，能夠充分發揮出手機性能的還是你自己。希望大家都能夠找回這樣的自覺。

●有錢人會在假日將手機關機

我所認識的成功者們，有許多人洽公時都會把手機放進公事包，或是放在西裝的內側口袋，並且設定成會議模式。

直到中場休息或洽談結束後，他們才會取出手機，快速瀏覽通話紀錄。如果有需要緊急回覆的未接來電，也會先跟同席者說一聲再出去打電話。

只要你有身為成熟社會人士的自覺，就要懂得像這樣有智慧地使用手機。

據說有某位商務菁英，在週末的時候完全不看手機。他會將手機關機，讓身心都能夠好好放鬆，恢復朝氣和活力。

正因為現在是智慧型手機的全盛時期，我們更應該懂得與手機保持適當的距離。

41 確實整理好自己周遭的環境

說來慚愧，我非常不擅長整理。我經常打掃房間，雖然不會有垃圾和灰塵堆積，不過只要稍一不注意，書桌周圍和衣櫥裡面，不，應該說是整個房間就會變得亂糟糟的。

忙碌的人的房間很亂也是正常的嘛。我甚至還抱有這樣的想法。

結果，這導致了我一年到頭老是到處在找東西的窘境。我常找藉口，告訴自己忙到沒時間整理也沒辦法；但同時也暗自心想：「如果可以縮短找東西的時間，應該就會輕鬆多了……」

●頭腦好的人再忙也會整理

有一天，我在電視上看到一集介紹佐藤可士和他工作模樣的節目，不禁大為吃驚。

誠如大家所知道的，佐藤先生實現了超整理術，他認為「所有的一切都是從整理開始。」

佐藤先生以著名設計師身分活躍於各領域，遠聞他所成立的工作室「SAMURAI」是採取少數精銳主義，不過還是有聘請數名員工。

令人驚訝的是，當員工下班後，工作室的桌面是完全淨空，看不到任何一件物品的。

如果是一般的工作室，桌面上都會堆滿電腦或資料夾等物品；但是在佐藤先生的工作室，這些東西都不見蹤影。

因為佐藤先生把「藉由整理來看見工作的本質」的理念徹底傳達給全體員工，立下工作室鐵則，要求員工必須把物品統統整理好後才可以下班。這也就是說，整理本身是等同於腦袋的整理。

後來，日本便掀起了「斷捨離」的風潮。

在這波風潮中，我才了解到原來所謂的「整理」，不是只有把東西收好，或是丟掉不要的東西而已。

「整理」也有助於捨棄自己對物品的執著，讓人專注於自己生活方式的本質，進而提升生活品質。換言之，「整理」就等同於整頓自己的內心狀態。

●所有的事都要「來回」進行

不僅如此，與其弄亂才開始動手「整理」，有位成功者乾脆教了我不讓房間變亂的祕訣：

「所有的事都要『來回』進行。」

例如，開了門就要隨手闔上；又如拉開抽屜拿完東西後就要隨手關上。這就是他所說的要「來回」進行的意思。

隨後，他又加了一句話說：

「不要吝於花一兩秒的時間來做這件事，這也很重要。」

舉例來說，從外面回到家後，在你脫掉外套換衣服的同時，就要養成順手把脫下來的衣物用衣架掛好、收進衣櫥裡的習慣。

掛衣服所需的時間頂多就只有一兩秒而已。要是覺得疲憊或麻煩，隨手把外套掛在椅背上，換下來的衣物則隨意丟在地板或沙發上，往往就會錯過整理的最佳時機。

到最後，房間自然又會變得亂糟糟了。

●整理能力和工作能力互有關聯

我坦然接受了這位成功者的建議，不吝於花個一兩秒的時間確實做好

「來回」的動作，當場就把東西收好。所以，我的房間從那之後就一直維持著乾淨整齊的狀態；就算突然有訪客到來，也可以馬上招待對方。

用來找東西的時間自然也大幅減少，工作的進行也愈來愈順利。

真沒想到在整理能力和工作能力之間，竟然有著如此密切的關聯性。

請大家務必要持續維持環境的整齊清潔。如此一來，你的腦袋和內心也會整理得乾乾淨淨，讓思考和行動變得更加靈活。

再者，據說斷捨離也有助於提升運氣。

42 注意維持體態，好好鍛鍊體魄

近年來健身廣告氾濫，看著健身前和健身後的對照圖，的確是帶給人截然不同的印象。

說得清楚點，能夠維持緊實身體曲線的人，不僅工作能幹，更是散發出源源不絕的財富能量。

另一方面，身體曲線不夠緊實、看似稍微有點臃腫卻毫不在乎的人，正如他們總是自嘲自己是個「連自我管理也做不好」的無用之人，他們甚至連減肥也只有「被欺負的份」。

●「人有九成是由外表決定」確實無誤

或許有人會說體態是取決於個人的天生體質。我能夠理解他們說這些話的心情。但只要肯努力，一定就會有成果。

這也就是說，緊實的身體曲線是自我管理確實的證明。而相對地，我們也可以肯定地說，臃腫的體態正是懶惰懈怠的證明。

話說多年前，《你的成敗，90％由外表決定》（竹內一郎著）一書成了暢銷書。當時，我對於該書的觀念多少有些反感；不過，隨著我認識的成功者愈多，想法也漸漸有了改變，現在已經能夠百分百地認同作者的想法。

每位成功者對自己都抱有堅定的理想形象，而且會為了維持這樣理想的形象而充分善用時間和資源。

某位我很尊敬的經營者，即使在出差時，也一定選擇入住有健身房和泳池的飯店。他習慣一早先去游泳，若有空檔，就會去健身房流流汗。

而平時，不管再怎麼忙碌，他每週都會聘請健身教練到府上兩次課，對於體態維持和體魄鍛鍊絲毫不敢怠惰。

●維持健康是對自己應盡的義務

若以「沒錢沒時間」為藉口不加理會，就是沒有誠實面對自我。

在我住處附近有一座大公園。有一次，我突然心血來潮，起個大早去公園散步。想不到清晨五、六點，就有許多人在公園慢跑或健行，而且運動完後就要去上班、上學的人，應該也不在少數。

要是你有意珍惜自己、好好生活，那就應該努力維持自己能夠認同的體態。

懂得維持自己能夠認同的體態的人，不僅擁有願意好好面對自己的自我意識，同時也抱持著真誠的工作態度。

我自己在還沒有開始慢跑前，很擔心一早就花時間和力氣來跑步，會對工作造成負面影響，例如大白天就感到疲倦或想打瞌睡等。但實際上卻正好相反。

或許是早上有先暖身，能讓能量的流動變好的關係吧，運動讓我一早就顯得幹勁十足，得以用積極的態度投入工作。

大家可能會取笑我怎麼到現在才開竅。我不禁想起某位我很尊敬的經營者曾這樣告訴我：「一早流流汗可以讓你神清氣爽，一整天都保持在最佳狀態喔。」

43 對微小的生命心存憐憫

有一次，我在飯店的會客廳採訪某位成功者。

採訪到一半時，我總覺得他好像有點心不在焉。而平時的他是很少會這個樣子的。

過了一會兒，他突然開口說：

「啊，太好了。剛剛有一隻蝴蝶在會客廳裡迷失了方向，到處亂飛想找出口，現在終於飛出去了。」

原來他是在擔心迷失了方向的蝴蝶找不到出口啊。

●成功者都有顆憐憫的心

不是只有他這樣，許多成功者都會以溫柔的目光看待自己周遭的事物，尤其對微小的生命更是心存憐憫。

如果下了雨，他們會說：「這對稻田來說是沛雨甘霖哪。」若有颱風經過，他們則會擔心：「希望蘋果樹等果樹不會有嚴重的落果災情。」

他們總是對自己周遭的一切心存憐憫，溫柔以待。

「無論是金錢、熱忱，還是人才，都會聚集到真心想召集這一切的人身邊，並且聚集在懂得珍惜這一切的人的所在之處。」

這是松下幸之助所留下來的名言。

在心存憐憫、懂得珍惜自然界造物和生命，尤其是微小生命的人的所在之處，財富自然會聚集而來。我想這是松下先生憑著優異的經營直覺所得來的切身體會吧。

44 不說「我只要○○就好了」

在餐廳點餐時，有人從不仔細看過菜單就說：「我只要○○就好了。」或者是看到誰點了什麼，就跟著說：「那我也點這個就好了。」

這樣的行為不僅對店家很失禮，同時也透露出你是個沒有自己想法的人。換言之，你並沒有察覺到這樣的行為等同於自行打壞別人對你的印象。

聽我這麼說，或許也會有人不高興地反駁：「這頂多只能說是點餐的一種方式，你憑什麼這樣說啊。」

●不懂得珍惜自己的人常掛在嘴邊的話

還請大家再聽仔細一點。問題是在於「只要〇〇」這個部分。「只要〇〇就好了。」這句話帶有「因為你沒有找到覺得好吃的東西，或是自己想吃的餐點，所以只好隨便點個〇〇」的語氣在內。同理，「那我也點這個就好了」這句話也是如此。

如果是有好好思考過才做出選擇，就不應該說「只要〇〇就好了」，而是要說「我要點〇〇」或是「我要吃〇〇」才對。

至於跟同桌的人點了一樣的餐點，是很常有的事。要是真的選了同樣的餐點，最好要說「我也要吃〇〇」，因為「我也要吃〇〇」跟「那我也點〇〇就好了。」這兩句話的語氣完全不一樣，請大家務必要多加留意。

先不說一大群人圍桌共食的居酒屋，一般餐廳之所以會個別為每個人遞上菜單，這其實是店家的用心，希望讓每個人都能好好挑選自己喜歡吃的東西。

而不去考慮到店家的這番用心，只是請店家隨便上個餐就好的行為，是非常不尊重店家的做法。

除非你是該問餐廳的常客，廚師很了解你的飲食喜好，那就可以讓餐廳全權為你配餐。唯有在這個原則之下，這樣的做法才不失禮。

另外，如果碰到菜單上所列的菜名盡是法文或義大利文單字，或是菜名取得很詩情畫意，光看菜單根本不知道餐點內容時，不用客氣，請儘管向服務生詢問吧。不，應該說有提問才是有禮貌的做法。

對餐廳而言，他們其實非常歡迎會關心餐點內容、熱心研究菜單的客人，所以都很樂意為客人仔細說明餐點的內容。

●無法決定自己要吃什麼的人，工作能力也差

菜單從頭到尾看了好幾遍卻遲遲無法做出決定的人也要自我反省。

有的人在點餐時，明明心想：「不如就點今日特餐的鮭魚吧。」結果一聽到其他人說「我要點牛排」，就馬上又改變了主意，心想：「啊，那我也來點牛排好了。」

像這樣的人根本不知道自己「想吃什麼」，或者說不知道自己「想做什麼」。

自己想吃什麼。連這麼單純的事都沒有頭緒的人，在其他方面也不會知道什麼是自己該做的事。無法打定主意，總是一副茫茫然的樣子，就難以在精神上獨立。

至於將來能夠獲得成功、成為有錢人的人，通常很早就很清楚知道自己想做的事和想走的路。所以，他們在挑選東西或點餐時，也很快就能做出明確的決定，而不會感到迷惘。

這不能說「頂多只是點餐的一種方式」。

所謂舉一反三，正是從如此微不足道之處，才有辦法毫不留情地揭露出一個人的人性和本性。

45 就算心中有不安或擔憂也不要多想

所謂的人生，換個方式來說，就是一連串的不安。

雖然現在的生活還過得去，不過要是突然被裁員了那該怎麼辦？不，就算一直工作下去，在這個時代退休年金早已形同虛設，等自己老了之後，究竟該怎麼生活下去……？

這樣不安的因子不斷從腦海中浮現，甚至也有年輕人一開口就是滿腦子的擔憂。若就日本的現狀來看，的確是充滿了讓人不得不去想的不安因素。

●一旦說出口，不安就會膨脹

但如果將這樣的不安說出口，不只會讓自己變得意志消沉，就連周遭的人們也會受到影響而情緒低落。因為不安和煩惱都是在說出口的瞬間，就會被放大到不合理的程度。

所以，非常清楚這個道理的有錢人們，總是極力避免將會讓自己意志消沉的事給說出口。

許多有錢人事業都做得恨大，好幾百人乃至好幾千人的人生統統都交託在他們的手上。他們的不安肯定是上班族無法比擬和想像的巨大。

那麼，有錢人又是如何承受如此巨大的不安呢？我曾經試著問過他們。

「當不安在腦海中浮現時，我都會甩甩頭，把它拋到九外雲霄去。因為這些不安幾乎都不是自己能夠解決的問題，就算去想它也無濟於事。」

這是某位總經理給我的回答。

●只專注於明日，就不會感到不安

我有位友人在脫離上班族身分後，年收入如今高達數億日圓，並且住在東京都心超高大樓的大廈頂層。

G先生在二十三歲那年進入某間超大型銀行，僅工作了四年就決意離開。因為他發現職場前輩的生活樣貌和自己所描繪的未來願景並不一致。

當他表示要辭去銀行工作時，雙親自是不用說，就連上司、朋友和女友也都反對他這麼做，沒有一個人贊成。

聽說還有位朋友為了讓他冷靜一下腦袋，給了他發自內心的忠告：「你到底在說什麼傻話。脫離上班族身分後真正獲得成功的人根本少之又少。」

縱使如此，G先生仍憑著堅強的意志選擇了自己所決定的人生道路，寫了辭呈，離開應該足以保障他一生的組織。

●感到不安時，儘管向前邁進

直到現在，G先生還是會對我說：

「我在辭去銀行的工作時，要說自己心中沒有感到不安絕對是騙人的。不過，既然我已經決定要脫離上班族身分，只能完全不去想那些浮上心頭的不安，好好專注在明天的日子，向前邁進。如果把目光放得太遙遠，不安就會占滿你的心；但如果只看向明天，自然就不會感到不安。」

據說有九成的不安是不會真的發生的。

假如你心中有不安，不妨試著把它擱在一旁，勇於踏出一步或半步，儘管向前邁進吧。

有許多成功者們都是這樣向前邁進，進而成功獲得富裕的生活。

46 不輕易拿自己跟他人比較

我之所以喜歡和經營者們一起工作，還有另一個理由。

那就是他們絕不會說「像我這種人……」這種否定自己的話，也不會抱有任何心結。

即使都稱作是成功者，實際上也有百百種。以年營業額來說，有人僅達數億日圓，也有人成功栽培出營業額超過一千億日圓的大企業。

即使如此，他們也不會說出「像我這種人跟○○比起來，根本不值得一提」這種話來。因為他們很了解我就是我，人生只能靠自己的力量來一決勝負。

●縱使埋怨上天不公平，也不會有任何改變

在這世上，會讓人欽羨不已的目標實在是多到數不清。只要聽過一遍就可以馬上記住內容的人。天生擁有令人屏息、完美無瑕的絕世美貌的人。

腳程極快的人。天生體能優異的人。具有靈敏的直覺，無論是買股票或投資都鮮少會虧損的人。甚至也有籤運好到令人難以置信的人。

想不到上天竟是如此不公平。我年輕的時候，就曾經這樣口出埋怨鬧彆扭。

不過就算環視自己四周，斜眼瞪視這些獲得上天恩寵的人們，大發牢騷地說：「跟他們相比，我簡直是……」也不會有任何的改變。

●你能夠加以運用的，就只有自己口袋裡的錢

成功者們深知這個道理，所以只會專注在自己身上，並且好好將自己分析一番。要是注意到自己不足的地方，他們也不會因而裹足不前。他們反而會特別留意自己所擁有的長處，致力思考該如何讓自己發揮出最大的潛能。

他們的視線總是不斷的向前看，從不回頭看。

自己將來究竟想成為什麼樣的人呢？他們會試著具體勾勒出自己將來的模樣，藉由比較現在的自己和將來的自己，一步步向前邁進。

老是羨慕他人，這是在強求自己所沒有的東西。與其如此，不如好好去栽培自己所擁有的東西，更能確實得到成果。

首先，你能夠加以運用的，只有自己口袋的金錢。無論朋友再怎麼有錢，那些錢對自己一點意義也沒有。

請以自己的力量為出發點，好好去發揮出自己的潛能，讓自己更上一層樓吧。最後能獲得成功、成為有錢人的人，不外乎就是這樣的人。

第5章

有錢人吸引財富的生活方式

從「自己」為出發點思考就看得見

47 不會為了面子，把孩子送進私立學校

在尖峰時段的電車裡，經常會看到跟著人群擠沙丁魚的孩子們。他們都是私立小學的學生。

看到這麼小的孩子每天都得搭電車上下學，我當下不禁思考，真的有必要讓孩子去讀私立小學嗎？

當然，父母有父母自己的想法。因為有不少私立小學可以一路直升到大學部，只要進了名門小學，孩子日後就不用面對升學考試的壓力。所以，這也包含了期望能讓孩子快樂成長的考量在內。

●讓孩子「直升入學」的意義

不用說，私立學校都需要繳交高額學費。從小學一路直升國中、高中到大學，這十幾年下來的總學費負擔是相當可觀的。如果父母有好好考慮過學費問題才讓孩子去讀私立學校，那我也不便多加評論。

據聞從幼稚園到大學，讀私立學校的教育費負擔大約是二千五百〇九萬八千二百六十三日圓（二〇一四年度文部科學省「孩童學習費用調查」）。

至於公立學校，讀到高中為止都幾乎不用花一毛錢。不過，二〇一〇年所引進的公立高中學費免費政策，二〇一四年起便「改訂」成有所得限制，雖說仍需好幾項條件，但大抵上家庭總年收入只要超過九百一十萬日圓就不會給予補助。

父母無一不想讓孩子儘可能接受更好的教育，這樣的心情我不是不能理解。

但如果要讓孩子讀私立學校，除了學校簡章上所明載的學費外，在其他方面還有各式各樣的費用需要支付，所以務必要謹慎考慮。

●某上班族家庭的實例

這是我所認識的某上班族家庭的實例。

這對父母有一個孩子。正因為孩子是獨生子，總想儘可能給他最好的。

因此，他們從孩子上幼稚園起，就讓孩子去就讀當地評價好的知名私立大學附屬幼稚園，並且直升小學部。

他們事前當然有計算過費用可能會有些吃緊。孩子幼稚園的朋友們，大多都是直升附屬小學，但其中還是有家庭選擇就讀公立小學。這對父母最後抱著「船到橋頭自然直」的心態，硬是斬斷心中些許的不安，選擇了私立學校。

而更讓我驚訝的是，他們曾經向我坦言，穿著該間私立學校制服的學生們，各個看起來都可愛又有氣質，所以他們多少也抱有想讓孩子穿上那套制服，牽著他的手在街上漫步的渴望。

事實上，有不少私立學校除了制服外，從運動服、帽子、鞋子、室內鞋到鉛筆和筆記本等，都規定只能使用學校指定款。而這些物品的所需費用不容小覷。

另外，暑假的林間學校和遠足等費用也相當昂貴。而小學五年級的修學旅行是去新加坡，該筆預備金也成了每個月的固定支出。

不僅如此，家長聚會的花費也不容忽視。在一個班級二十五位學生當中，極少有一般上班族家庭，因為學生的父母幾乎都是地主、醫師或家裡開公司的有錢人，聚會的所需花費絕不是超出想像。

其他像是讓孩子參加好幾個才藝班也是很正常的。像這樣，上述這一切似乎就是現在孩子教育的實際情況。

●被教育費壓得喘不過氣的家庭

二千五百萬日圓的教育費，這金額已經和家庭資金不相上下了。在孩子身上投入這麼一大筆錢，我並沒有打算用「這樣做是錯的」或「這樣太超過了」來一概而論。

但是，用「因為孩子幼稚園的朋友都直升小學部」或「因為制服穿起來很可愛」的理由，選擇讓孩子就讀超出家中經濟能力的私立學校，這就令人匪夷所思了。再怎麼說，家庭的經濟能力才是最該優先衡量的。

與其在孩子身上投入過多的教育費，導致家庭內部開銷捉襟見肘，沒有多餘的錢進行家庭娛樂，不如選擇公立學校，全家用省下來的錢去旅行、露營或烤肉，一起製造許多美好的回憶。我認為這也可以是另一種選擇。

隨著少子化趨勢，如今已經有許多大學展開搶學生之戰。等到現在的小學生要面臨大學入學考試時，直升式就學本身究竟還有多少意義呢？這也很值得我們深思。

●升學考試競爭有助於培養實力和學習習慣

再者，迴避升學考試，我不知道這是不是真的對孩子好。

我身邊也有一些朋友的孩子從著名大學附屬小學直升到大學，不過，父母親在後來表示「讓孩子經歷過升學考試可能還是比較好」的例子也不少。

有沒有經歷過升學考試，在學習實力上似乎會有相當大的落差。而且，有了準備升學考試的讀書經驗，也有助於培養孩子堅持到底的精神。

如果你從孩子義務教育的階段就打算選擇私立學校，上述這一切都應該納入考量，謹慎選出一條對孩子最好的路。

48 「家庭年收入愈高，孩子成績愈好」的真正理由

遽聞東大生的父母年收入，比一般家庭都來得高。讀到這樣的報導，或許有人會垂頭喪氣地心想：「我們家在擔心孩子頭腦的問題之前，父母的經濟能力就已經上不了東大了……」

根據東京大學《學生生活實態調查》（二〇一四年）指出，東大生的父母年收入為九百五十萬日圓～未滿一千〇五十萬日圓占19％，一千〇五十萬日圓～未滿一千二百五十萬日圓占10．4％，一千二百五十萬日圓～未滿一千五百五十萬日圓占11．8％，一千五百五十萬以上占13．6％。換言之，有54．8％的父母年收入超過九百五十萬日圓。

另一方面，根據日本學生支援機構的調查，家中有大學生的父母平均年收入為八百三十四萬日圓（二〇一六年），所以由此可知東大生的父母年收入明顯較高。

看到這樣的調查結果，或許有不少人會認為只要有錢，就能讓孩子從小

去補習或上家教，提供較好的教育環境，而不禁心想：「教育果然還是得靠錢哪。」

但是，之所以出現家庭經濟富足的孩子成績比較好的現象，其真正的原因不全是靠金錢。

●重要的是「家庭環境」而不是年收入

根據孩童考試資訊網站的資料顯示，年收入高的家庭家中書本比較多，而父母每天早上也常閱讀報紙，瀏覽政經新聞而非演藝圈消息報導。

另外，父母的興趣多為古典樂聆賞或美術鑑賞等藝文活動，等到孩子上了小學高年級，全家就會常常一起去聽音樂會或逛美術館，激發孩子的知性學習，自然就能營造出感受性豐富的成長環境。

所以說，該網站認為這樣的環境才是提高孩子成績的最大因素。

雖然如此富饒的生活並不是跟金錢毫無關聯。但就算有錢，也未必能營造出感受性如此豐富的家庭環境。

因為家庭環境，尤其是文化環境的營造，最主要還是看父母的資質，而非金錢的多寡。

而豐富的感受性，也不是只有靠去聽音樂會或逛美術館才能夠培育。夜裡陪孩子一起看星星，說說星座故事、聊聊太空旅行；或是從豪雨警戒的新聞帶孩子談到地球暖化的議題，激發孩子關心地球的現在和未來，學習身為地球未來主人翁的責任感。像這樣，只要靠父母的態度就能營造出充滿知性和文化氣息的家庭環境。

與其用錢來買孩子的關心，不如抽空陪孩子聊天談心，更能夠讓孩子在心中留下深刻的印象。

●你是否有好好看著孩子，試著去了解他呢？

成績進步神速的孩子們，在才藝學習上似乎可找到共通之處。

這類的才藝學習，主要都是讓孩子從小就去學他喜歡或有興趣的才藝，而非「因為孩子的朋友都去學英語，所以我們家的孩子也一定要去」這種跟風式的學習。

即使年收入再高，父母為了自己的虛榮心和自尊心把孩子送進名校，並且一味逼迫孩子去學父母自認為很有看頭的才藝，結果一進入升學考試的準備期，孩子就開始反抗的例子也時有耳聞。

父母究竟對自己的孩子有多少了解？這才是最重要的事。會好好看著自己的孩子，認真思考適合他的教育的父母；關於未來的出路，會跟孩子好好討論，並且從旁協助孩子去找到他真正想做的事的父母。像這樣的父母，才能夠引導孩子在將來走向心靈富饒的幸福人生。

49 經濟相關學習不可少

若說到比特幣（bitcoin），你是否能簡單明瞭地進行說明？那麼，金融科技（FinTech）呢？

在這個ＩＴ世代，世界正以目不暇及的速度在進化。而金錢世界的變化也同樣迅速，以往從未聽過的新型「金錢」、金錢使用方式以及金融服務等相繼問世。

無論是比特幣還是金融科技，雖然都是近年來才剛問世的「金錢」和金融服務，但逐年都以風馳電掣之勢持續擴展。所以是否知道這些東西，將會大大影響我們對於金錢的運用方式。

●為何沒有人願意教導金錢相關知識？

既然大家都說：「金錢就像是社會的血液。」但不知為何，卻鮮少有人願意教導金錢的相關知識。

就算孩子對金錢有所關心，也只會受到父母斥責：「小孩子用不著擔心錢的事。你那麼閒的話，不如去給我多讀一點書。」

甚至在大學選讀經濟學，也只是在學習如凱因斯（John Maynard Keynes）等人的總體經濟學（macroeconomics）精隨，對於與每天生活或企業經營等有關的金錢知識，卻甚少有機會學習。

再加上「開口閉口就是錢很沒品」的觀念仍舊深植人心。因此就算想學習關於金錢的正確知識，就目前的實際情況來看，確實很難找到機會。

●有錢人的高理財素養（Financial Literacy）

不過，你若想賺大錢，想成為有錢人的話，首先一定要多增加金錢相關知識。

事實上，有錢人們普遍來說理財素養都很高。這也就是說，他們具有豐富的金錢相關知識。

例如，他們很了解稅金的結構，知道如何運用節稅的知識，順利執行遺產稅對策。是否具備金錢相關知識，繳稅金額將會有極大的落差。

關於「借貸」的結構也是一樣。具有金錢相關知識的人已經針對利息做過很多功課，知道如何適度重組貸款來減少還款總額。

反觀不願學習金錢相關知識的人，只要辦了一次貸款，可能整整三十五年都是直接放著讓它從薪資裡扣除。

如果有三十五年的時間，在這期間經濟環境勢必會有極大的變化。然而，他們卻認為這跟自己的經濟狀況毫無關係。

嘴裡老是唸著錢，卻又不願學習金錢相關知識的人，應該要特別留意自己長期以來所失去的財富，很可能已經累積到十分可觀的數目。

●不關心全球的金錢流動是很危險的事

明明對特價資訊相當敏銳，卻不怎麼關心全球的大型金錢流動。這是與財富無緣的人很常有的傾向。

無論是比特幣還是金融科技，你是否具有正確的相關知識呢？

順道一提，比特幣是一種「想像」貨幣，就像日圓或美元那樣是金錢，但只能在網路遊戲或特定網站內使用；雖然無法用來購買任何東西，卻能在網路上進行交易。

不同於由國家所發行的日圓或美元，比特幣是由企業發行。即使如此，該企業仍期望比特幣得以像日圓或美元那樣，在全球各地，甚至在平時的經濟活動和生活中受到普遍使用。

至於金融科技，乃是結合了金融和ＩＴ的一種創新系統。基本理念在於期望透過ＩＴ術的運用讓金融更貼近民眾生活。可以利用智慧型手機付款的「行動支付」就是一例。

大多數的有錢人都會積極學習這些經濟相關知識，迅速摸熟最先進的金錢和金錢架構。濾聞目前已經誕生了好幾位比特幣富翁了。

「無知即罪惡。」這是蘇格拉底的名言。

若有人說，對錢持續「無知」下去就形同犯罪，我想這也是莫可奈何的說法。

50 不將借貸與「惡」畫上等號

「我的錢雖然不多，卻從來沒有借過半毛錢。」

常有人如此自豪地說道。因為他們認為借貸全都是「不好」的。

然而，要是借貸真的不好，幾乎所有的企業都無法經營下去了，甚至連銀行業務也會停擺。

●借貸不等於惡性循環

其實，房貸和車貸都是屬於「借貸」的一種。敢自豪地說「我從來沒有借過半毛錢」的人，少說也有房貸要繳吧。

一提到借貸，許多人都只會聯想到惡性循環。例如有人生活揮霍無度，因為喝酒賒帳或好賭而積欠一屁股債，最終不得不向銀行借錢。後來又因為還不出錢來，只好厚著臉皮去向父母或友人借錢……。

●就連有錢人也會有「正向的借貸」

不過，借貸也有「正向的借貸」和「負向的借貸」之分。

一般而言，能夠使家庭生活過得更舒適的房貸和車貸等，可說是「正向的借貸」；至於玩樂的借貸，當然就是「負向的借貸」。

話雖如此，即使是房貸，若沒有充分審視自己的還款能力，只靠一股衝動就借下去，最後就有可能變成壓迫到家計的「負向借貸」。

如果無法按預定計劃順利還款，債務一直都沒有減少，最後就會導致家庭破產。而一旦破產，就很容易導致家庭破碎，陷入人生被搞得一團糟的窘境。

借貸本身並非是「惡」。

借貸是否會變成「惡」，這與借貸的目的，以及辦理借貸後你自身的心理狀態息息相關。

51 以最自然的姿態來過合乎自身高度的生活

想住高樓大廈、想開高級車，即使不求能開超跑，至少也想開像賓士、BMW或凌志（Lexus）等品牌名車。你是否就像這樣只管往上看，總是過著遠超過自身高度的的生活呢？

其實偶爾逞能一下也有助於自我提升，所以並非叫你完全不要這樣做。但如果經常過度打腫臉充胖子，盡是做些和自己荷包不相等的揮霍，反倒會顯露出一副窮相。

●不合乎自身高度的事物令人不自在

老實說，我很不習慣搭飛機的頭等艙。

頭等艙的座位的確是舒適滿點，不過每當我想好好放鬆一下，空服員就會毫不意外地上前詢問：「您有需要什麼服務嗎？」或「需要來杯香檳嗎？」

這或許是為了提供乘客無微不至的服務，但對我而言卻很不自在。因為會搭頭等艙的人通常都已經很習慣搭飛機，如果有任何需要，應該都會主動向空服員出聲。

近年來，愈來愈多人會在出差時搭乘頭等艙，也很常看到為了累積哩程數的商務人士。雖然這並不特別讓人感到格格不入，但以往會搭乘頭等艙的，幾乎都是大公司經營者或一流的藝術家等，總會讓一般人莫名感到畏縮。

說得更清楚些，太超過的事物反倒令人不自在。

要是沒有看穿這份不適感，持續大擺架子，最後所換得的很可能反而是一身的疲憊。

●過著像自己的生活才是最棒的幸福

即使從旁觀者的角度來看，能夠讓自己感到最自在的生活，也還是合乎自身高度的生活。

就我個人的感覺，在金錢方面只要「九分飽」就好。在快吃飽的那一刻停下手，留下來的那一分就會化為心情上的從容自在。

當然，偶爾享受一下超過自身高度的奢華也沒什麼不好，但重要的是不要把這種享受當作理所當然，要能夠馬上恢復平時的自己。

老是做些逞能的事，很快就會迷失自我，讓存摺的餘額歸零。奢華享受偶爾為之，才能夠為自己帶來滿心的雀躍。

52 實踐「真正奢華的生活」

這是我去某人家拜訪時所發生的事。

「請先喝杯茶吧……」我的目光停留在對方所遞出的茶杯上。真要直說的話，那茶杯看起來不像是上等貨。形狀歪歪扭扭，燒製也不夠純熟。

就我平時和對方在外頭碰面時的印象，這茶杯實在不大像是他的品味，因而不禁感到納悶。

對方注意到我直盯著茶杯看，便露出溫柔的微笑說：「這茶杯很棒吧？這可是我們家的傳家寶呢。」

對方告訴我，這是他剛上小學的長孫陪媽媽去上陶藝課，也跟著有樣學樣所完成的茶杯。

「所以這是您六歲孫子的作品嗎？」

當我這麼開口一問，便隨即感受到一股難以言喻的暖意，對於他願意用這茶杯來招待訪客的開闊胸襟甚為感動。

●不是只有昂貴的東西才能使心靈滿足

如果有錢，想必大家都會過著奢華的生活吧。我們很容易這麼聯想，但事實上卻不是這麼一回事。

當然還是會有一些有錢人，只要看到自己四周擺滿昂貴物品就會感到開心。不過，這種生活很快就會讓人感受不到滿足。購物時如果是靠高價來獲得滿足，過沒多久就會想要更高價的東西，然後就愈買愈貴。

在這不斷反覆買東西的過程中，永遠無法感受到真正的滿足。

所以說，一再追求高價品，反而無法讓自己獲得真正的滿足。關於這個道理，希望大家都能銘記在心。

●與其購買高價品，不如購買自己想要的東西

我從年輕的時候開始，就一直很清楚知道自己想要什麼東西。往往只要一眼，就能看出這個東西是不是我想要的。

我也很常碰到看到自己想要的東西，卻發現價格比自己的預算高上許多的情形。在這種情況下，我總是會抱著跳了好幾次清水舞臺的必死決心，硬是買下手。

或者應該說我原先就是個非常任性的人，只要看到自己想要的，就很難克制自己。

兩三年前，我突然起心動念要來好好整理一下手邊的東西。結果就像是要準備搬家般處理掉了不少東西。而最後留下來的，就只有那些我抱著跳下清水舞臺的決心所買下的，自己真的很喜歡的東西。

雖說其中高價品不少，但也有我在特賣會或跳蚤市場便宜買到手，意外覺得很喜歡而且用很久的東西。

現在買東西時，我已經不會再去看是高價品還是便宜貨，只要是自己喜

歡的就買下。像這樣，看著自己四周擺滿了自己喜歡的東西，心裡就會感到相當舒適自在。對我而言，這就是最為奢華的生活了。

53 不要認為「年收入增加＝獲得幸福」

「要是薪水每個月可以再多個五萬，不，三萬也可以……」

只要是上班族，我想應該沒有人不會這麼想吧。

就連我也是其中之一。身為自由工作者，雖然沒有領月薪，不過每次領酬勞時，總會不禁心想：「起碼再多給個〇萬吧……」

不知為何，大多數的人都毫無根據地深信，只要年收入能稍微增加，自己就會感到幸福。當我這麼說，或許有人聽到會用一副想說「這哪需要什麼根據？這不是很正常的事嗎？」的表情瞪我吧。

但近年來，已經有愈來愈多人明白，年收入和幸福度並不是一定會成正比的。

●為什麼年收入兩百萬的人最幸福

提出這項論點的人，是普林斯頓大學的丹尼爾．康納曼（Daniel Kahneman）名譽教授。康納曼教授曾於二〇〇二年獲得諾貝爾經濟學獎，可說是一流中一流的學者。

根據康納曼教授的調查，「家庭年收入低於七萬五千美元者，隨著年收入增加，喜樂和滿足感，亦即幸福感也會提高；不過，年收入如果超過這個金額，幸福感就無法再提高。」

這真是令人茅塞頓開的發表。

紐約上班族年收入和日本上班族年收入之間的差距約兩成，想當然耳，是紐約上班族的年收入較高。

若把這個差距也算進去，就日本的情況而言，年收入約為六百萬日圓者（約新台幣兩百萬元），隨著年收入增加，幸福感也會提高；但年收入若超過這個金額，就算年收入增加，幸福感也不會跟著提高。

關於這個調查結果，某位記者是這樣說明的：

「年收入高的人，就算去巴黎或倫敦遊玩，也會因為『常有這樣的體驗』，而不會特別感到滿足。反觀年收入低的人，哪怕只是去鄰近的度假勝地關島，也會覺得十分滿足。」

由於我個人也曾有過這樣的實際體驗，所以很能夠理解。以前大學時代，身為打工族學生的我，平時的午餐基本上都是用拉麵解決。只有在領到打工薪水的那一天，才捨得點湯麵來吃。在我那個時代，拉麵和湯麵的價差只有二十日圓。

不過，每當到了可以吃湯麵的那一天，我總會特別開心。即使到了現在，我仍然會不時想起這件事。

●過得比有錢人更幸福的方法

事實上，日本內閣府的調查也得到相同的結果。

根據該調查指出，關於家庭年收入與幸福感的關係，年收入無論是達四百萬日圓～未滿六百萬日圓、六百萬日圓～未滿八百萬日圓，還是八百萬日圓～未滿一千萬日圓，幸福感都在六分至七分之間，幾乎沒什麼變化（以「非常幸福」十分，「非常不幸」零分來計算）。

至於用來判斷幸福感的重點項目，「家計狀況」、「健康狀況」和「家人關係」都是同一比例，各約占六成。

所以說，幸福不是只靠金錢才能夠實現。若能明白這一點，你對金錢的看法也會大為不同。只要懂得珍惜這項改變，你就能過得比有錢人更幸福。

54 錢很重要，但還有比錢更重要的事

這是離現在稍微有點久遠的事了。最後，我想跟大家分享《一路玩到掛》（The Bucket List）這部轟動全球的電影。

●被宣告只剩半年可活的兩個人所採取的行動

我想應該有不少人還記得這部電影吧。

兩名老人在某間醫院相遇。一位是只顧著擴大公司規模、拚命賺錢的經營者，另一位則是汽車修理工。

富有的經營者一生只為工作而活，與家人的關係也因而變得疏遠。而汽車修理工很愛自己的家人，他為家人辛苦工作了一輩子，卻也開始對這樣的人生感到厭倦。

當兩人被告知只剩下半年可活後，他們便決定要利用剩餘的人生來完成自己從以前就想要去做的事。

經過一番討論，他們所列出的「遺願清單」如下：

＊刺青。

＊去泰姬瑪哈陵。

＊玩高空跳傘。

＊在非洲參加狩獵旅行。

＊去萬里長城。

＊賽車。

＊去看金字塔。

＊去香港。

＊幫助陌生人。

＊爬喜馬拉雅山。

＊去看宏偉壯觀的景色。

＊笑到喘不過氣來。

＊與重要的人和好。

＊親吻世上最美麗的女子。

於是，他們兩人溜出醫院，開始逐一去實現清單上所列的每一件事。

由於富有的經營者有用不完的財產，他們錢愛怎麼用就怎麼用，完全沒有限度。這樣做之後，他們理應要感到十分快樂又滿足，但是兩人的心靈仍舊沒有被填滿。

最後，讓他們的心靈得到滿足的，是家人。富有的經營者在人生的最後一刻親吻了「世上最美麗的女子」，也就是他那可愛的小孫女……。

這部電影之所以會轟動全球，我想正是因為它充分傳達出「唯有金錢買不到的事物，才能帶給我們至高無上的幸福」的想法，並且成功引起許多人的共鳴。

●邁向幸福的捷徑

我所認識的成功者和有錢人們，他們也都很重視人際關係，尤其是與家人和朋友之間的關係。只要在洽談或訪談中談到家人，他們不苟言笑的嚴肅神情頓時就會轉為溫柔。

如果沒有錢，人生就會過得既悲慘又寂寞，這的確是事實。不過，如果有了錢，是否所有一切都可以被填滿，好像也並非如此。

請大家謹記著這兩個事實，認真踏實地度過每一天吧。如此一來，心中的不足和不滿應該也會慢慢消失。

少了不足和不滿，整個人自然就會變得開朗積極，對自己充滿自信。而這樣的心態，將會為你開啟無限的可能。

請認真、踏實地好好度過每一天的生活。

這正是實現「最富足的幸福人生」最切實可行的方法。

參考文獻

- 《「お金」の法則——「貯まらない」「殖やせない」にはワケがある》千田琢哉（廣濟堂出版）
- 《お金の真理——大富豪が教える「お金に好かれる5つの法則」》齊藤一人（sunmark出版）
- 《お金のIQ お金のEQ——世界の幸せな小金持ちが知っているお金の法則》本田健（sunmark出版）
- 《男はお金が9割——一生お金に困らない、お金持ちの哲学》里中季生（綜合法令出版）
- 《なぜかお金を引き寄せる女性 39のルール》渡邊薰（大和出版）

推薦小語

「在你已經使出渾身解數，但隨著時間流逝，卻發現沒有朝期望的速度向目標邁進，我們得停下來、檢視原生的金錢藍圖，金錢藍圖包含價值觀、信念和觀念等……。自從有意識地運用吸引力法則，在我身上發生了很多神奇的事，也恍然大悟：某些看似巧合的結果，其實是吸引力法則的作用。只能說心想事成的感覺真的很美好！以下分享幾點吸引力法則的要領：

- **吸引力法則不會管你的感受是好是壞，是你想要還是不想要的，它只是單純地回應你的想法。**
- **宇宙沒有善惡之分，所以表現出什麼樣的頻率，自然就會吸引來相應的東西。**
- **吸引力法則在金錢、人際關係、家庭、健康、自我價值都無所不在，萬物都受你吸引而來，只要你敞開心胸去感覺這個宇宙的富足，你就能感受到美好、喜悅和幸福。**

本書整理有錢人的習慣、行為、思維與生活方式，只要我們從現在開始做起，財富自由不再只是一昧地汲汲營營的追求，而是一個心想事成的結果。」

——Elaine 理白小姐

「本書作者用他的人生經驗與智慧告訴我們，所有理財技巧的背後，其實本質都是在改變我們面對金錢的態度。」

——**Mr.Market 市場先生／財經作家**

「透過學習有錢人的生活習慣，進而建立吸引財富的心態，方能開啟那通往幸福人生的大門。」

——**小資 yp 投資理財筆記版主／陳逸朴**

「改變生活中的小事情，就會影響思考與做法，進而產生巨大的改變。話說每個人都是從同個起跑線開始，為何是那些少數人成為有錢人？透過有錢人的腦袋來觀察生活大小事，學習他們的想法與生活，讓我們離有錢人更進一步吧！」

——**高培／斜槓型 YouTuber、投資理財圖文創作者**

「相當認同作者所說金錢具有某種靈性而且與靈性高的人十分投緣。想要富有，就先從提升我們自己的心靈層次水準做起吧！」

——**知識交流平台 TMBA 共同創辦人／愛瑞克**

財富自由的吸引力法則：花最小的力氣，創造最大的財富

お金持ちが肝に銘じているちょっとした習慣

作　　者　菅原圭
譯　　者　林仁惠
執行編輯　顏妤安
行銷企劃　劉妍伶
封面設計　陳文德
版面構成　陳佩娟
發 行 人　王榮文
出版發行　遠流出版事業股份有限公司
地　　址　臺北市南昌路2段81號6樓
客服電話　02-2392-6899
傳　　真　02-2392-6658
郵　　撥　0189456-1
著作權顧問　蕭雄淋律師
2021年3月1日 初版一刷
定價 新台幣300元
有著作權・侵害必究 Printed in Taiwan
ISBN　978-957-32-8971-5
遠流博識網　http://www.ylib.com
E-mail: ylib@ylib.com
（如有缺頁或破損，請寄回更換）

Original Japanese title:
OKANEMOCHI GA KIMO NI MEIJITEIRU CHOTTOSHITA SHUKAN
Copyright © 2017 Kei Sugawara
Original Japanese edition published by KAWADE SHOBO SHINSHA Ltd. Publishers
Traditional Chinese translation rights arranged with KAWADE SHOBO SHINSHA Ltd. Publishers through The English Agency (Japan) Ltd. and AMANN CO., LTD. LTD., Taipei
Chinese Translation Copyright ©2021 by Yuan-Liou Publishing Co., Ltd.

圖書館出版品預行編目(CIP)資料

財富自由的吸引力法則：花最小的力氣，創造最大的財富 / 菅原圭著；林仁惠.
-- 初版. -- 臺北市：遠流, 2021.3
面；　公分

譯自：お金持ちが肝に銘じているちょっとした習慣
ISBN：978-957-32-8971-5　(平裝)

177.2　　110001132